SOUVENIRS DE CAMPAGNE

—

LES PORTS

DE

L'EXTRÊME ORIENT

PARIS. — IMP. VICTOR GOUPY, RUE GARANCIÈRE, 5.

LES PORTS

DE

L'EXTRÊME ORIENT

DÉBUTS DE L'OCCUPATION FRANÇAISE

EN COCHINCHINE

PAR

LE Dʳ A. BENOIST DE LA GRANDIÈRE

CHEVALIER DE LA LÉGION D'HONNEUR

ANCIEN MÉDECIN DE LA MARINE

PARIS

LE CHEVALIER, LIBRAIRE-ÉDITEUR

RUE DE RICHELIEU, 61

1869

A

SON EXCELLENCE

L'AMIRAL RIGAULT DE GENOUILLY

MINISTRE DE LA MARINE ET DES COLONIES

Ancien commandant en chef de l'escadre des mers de Chine
de 1857 à 1859,

HOMMAGE RESPECTUEUX

B. DE LA GRANDIÈRE

PRÉFACE

—

Les dernières expéditions entreprises par la France, en Chine et dans l'empire d'Annam, ont donné lieu à un grand nombre de publications; et la plupart des événements qui se sont passés dans ces lointaines contrées, sont aujourd'hui bien connus. Cependant, aucun des historiens de ces campagnes, n'a raconté les premiers faits dont la Cochinchine a été le théâtre. L'occupation de Tourane, la prise de Saigon accomplies à une époque déjà loin de nous, sont passées inaperçues, et c'était une lacune à combler.

Les hasards de notre carrière maritime nous ont conduit dans ces pays, et le transport *la Saône* sur lequel nous étions embarqué a pris une part active à toutes ces expéditions. Nous avons donc cru bien faire en essayant de faire connaître les péripéties qui ont suivi en Cochinchine l'arrivée de l'escadre et du corps expéditionnaire placés sous les ordres de l'amiral Rigault de Genouilly.

La Saône s'est ensuite trouvée comprise dans l'escadre qui a transporté devant le Pei-ho, les troupes du général Montauban. Cette nouvelle campagne a trouvé parmi les officiers des historiens dont les pages pleines d'intérêt ont été lues par tout le monde. Nous n'ajouterons donc rien à leurs relations, mais nous nous efforcerons de retracer la physionomie des principales villes où se sont arrêtés nos navires ; de voir quelle a été l'influence du contact des Européens sur leurs populations, et de décrire sans parti pris les hommes et les choses que nous avons observés.

Notre but sera atteint si les personnes qui ont suivi l'expédition retrouvent dans ces pages dont le seul mérite est d'être sincères, comme un reflet des impressions qu'elles ont éprouvées, et si nos camarades de *la Saône*, aujourd'hui dispersés, veulent bien y voir un souvenir de leur ancien médecin.

Paris, juillet 1869.

SINGAPORE

Singapore est située presque sous l'équateur, à l'extrémité sud de la presqu'île de Malacca. C'est une ville d'origine toute récente fondée par la compagnie des Indes au commencement de ce siècle. Elle compte à peine quarante ans d'existence, et a déjà plus de soixante mille habitants. Cette cité commerçante, vaste entrepôt touchant à la fois aux Indes, à la Chine et aux riches possessions hollandaises des grandes îles de l'Océanie, s'élève sur une petite île autrefois couverte de bois que les Anglais ont achetée pour y planter leur pavillon. Sa situation pittoresque, la diversité des races que le commerce y a réunies, lui créent une physionomie toute spéciale, et en font une des villes les plus curieuses de l'extrême Orient.

Les bâtiments qui y arrivent par le Nord, après avoir traversé dans toute sa longueur le détroit de Malacca, contournent, pour se rendre au mouillage, un îlot qui semble un bouquet de verdure sorti des flots. Un phare s'élève au-dessus de ses bois de cocotiers et marque l'entrée de la rade. On aperçoit au delà les épaisses forêts de la côte Malaise qui s'allongent au loin sur toute l'étendue de la presqu'île, tandis qu'au midi l'on découvre les côtes de la grande île de Sumatra également couvertes de forêts vierges. Plusieurs autres îlots ombragés de bois magnifiques, par-dessus lesquels on peut suivre les mâtures élancées des navires européens qui gagnent le port, forment à la rade une verte ceinture et donnent aux voyageurs éblouis une idée de la richesse de la végétation de ces vastes contrées qu'on entrevoit de toutes parts à l'horizon et qui sont encore inexplorées. La rade est grande, bien abritée, et peut contenir facilement les navires qui y affluent de tous les ports de l'Inde et de la Chine. Les grosses jonques aux formes étranges, les prows malais, les bâtiments des nations européennes, s'y trouvent pêle-mêle, et y poursuivent librement leurs échanges sous la protection du yacht anglais.

La *Saône* y arriva pour la première fois le 12 juillet 1858. A peine eut-elle jeté l'ancre qu'une multitude de barques l'entoura de tous côtés. Elles portaient des Chinois venus sur leur lourds sampans, des Malais montés sur des pirogues élancées, et des Indiens qui formaient l'équipage des grands bateaux chargés de provisions. En quelques minutes et en dépit des factionnaires qui cherchaient à les repousser, nous eûmes sur le pont un échantillon varié de la population cosmopolite qui fait de Singapore une ville si originale. Toutes les races et toutes les productions du pays passèrent en un instant sous nos yeux, et il y eut à bord une confusion de langues et de costumes dont on ne saurait se faire une idée. Nous étions poursuivis jusque dans nos chambres par les marchands, les blanchisseurs, et autres industriels qui nous offraient leurs denrées ou leurs services en indoustani, en malais et en anglais, ou plutôt en un mélange informe de tous ces idiomes. Beaucoup d'entre nous firent là des marchés de dupes, et payèrent dix fois leur valeur des joncs, des armes, des étoffes de pacotille. Nos nombreux passagers se jetèrent sur les ananas, les bananes et les oranges avec une avidité que les privations de la traversée rendaient bien excusable. Les singes, les perroquets et les coquilles trouvèrent aussi des amateurs beaucoup trop crédules. On fut, en un mot, affreusement volé. *La Saône* avait pris son mouillage à environ un mille de la ville que de nombreux navires dérobaient à nos yeux. Nous étions impatients de débarquer, car nous venions de faire une longue traversée dont aucun incident n'avait rompu la triste monotonie, et en dehors de la joie bien vive que nous éprouvions à revoir la terre, Singapore avait pour nous l'attrait de l'inconnu. Notre imagination la peuplait de merveilles. Nous devions pour la première fois nous y trouver en contact avec les Chinois, et soulever le voile de la civilisation orientale. Aussi dès que les saluts d'usage avec les forts de la ville et la corvette anglaise de la station eurent été échangés, le canot du bord nous conduisit au débarcadère où nous fûmes encore assaillis par une nuée de cicérones et de marchands.

Ainsi que la plupart des villes de l'extrême Orient où se sont établis les Européens, Singapore est séparée en deux parties bien distinctes ; l'une est occupée par les Anglais, l'autre appartient aux indigènes. Il y a entre ces races tant de différences d'habitudes et de

mœurs que cette séparation s'est faite dès l'origine de
la ville, comme d'un commun accord. Nous verrons
plus tard que dans les villes du Céleste Empire, à
Macao, à Canton, à Shang-haï, cette séparation est
naturellement établie par les hautes murailles qui
forment l'enceinte des cités chinoises. A Singapore la
limite qui sépare les Européens du reste de la population est formée par une petite rivière qui, après
avoir serpenté dans l'île, vient s'élargir à son embouchure en une sorte d'anse où les barques et les canots des Chinois sont toujours parfaitement à l'abri.
Une batterie circulaire construite sur ce point par les
Anglais pourrait rendre un débarquement difficile.
Elle vient d'être remise en état.

Le quartier anglais est situé sur la rive gauche de
la rivière. Les maisons qui le composent sont grandes,
entourées de galeries spacieuses et bâties pour la
plupart au milieu de magnifiques jardins. Les deux
principaux hôtels, les consulats, les bureaux de la
poste et l'église anglicane s'étendent parallèlement à
la mer dont ils sont séparés par une belle promenade
couverte d'une pelouse de sensitives que l'électricité,
la chaleur et le vent font onduler de mille manières,
et plantée d'arbres élevés disposés en vastes allées. On
voit aussi près du débarcadère une pyramide en granit
dont le piédestal est couvert d'inscriptions en langues
anglaise, indienne et chinoise. Le soir la place est le
rendez-vous des Européens qui ont fermé leurs comptoirs et qui viennent jouir au bord de la mer de la
brise du large, que la chaleur excessive de la journée
fait trouver délicieuse. Les uns se font traîner en

voiture, les autres viennent à cheval, et après avoir fait quelques tours dans les allées, tous repartent passer la nuit dans les maisons de campagne disséminées autour de la ville. La promenade est la seule distraction des colons. Tout le monde travaille à Singapore, et les Anglais que l'on interroge à ce sujet savent très-bien vous répondre qu'ils n'y sont pas venus pour jouir de la vie, mais bien pour gagner de quoi en jouir ailleurs. La colonie européenne se compose d'environ trois cents personnes, presque tous Anglais, négociants ou employés. Un grand nombre y font rapidement fortune et se hâtent de retourner en Europe. Singapore n'est pour eux qu'un lieu de passage et très-peu ont amené leurs familles. Pour vivre seuls, les colons anglais ne s'entourent pas moins de tout le confortable dont ils sont si jaloux ; de nombreux domestiques placés sous la direction d'un intendant (daubachi) sont à leurs ordres ; mais chacun d'eux ne fait que quelques heures du plus mauvais service. Les Européens sont obligés de plier devant leur force d'inertie, et de se résigner, pour être mal servis, à entretenir une troupe de ces misérables créatures.

Le luxe dont s'entourent les colons paraît d'abord surprenant aux voyageurs qui ne passent que quelques jours à Singapore et qui n'ont pas encore eu le temps de se familiariser avec les mœurs des peuples de l'Orient. Mais lorsqu'on a vécu quelques années dans ces contrées éloignées, on comprend la nécessité où sont les Anglais d'entourer leur existence d'une sorte de prestige. Il faut en effet qu'ils dominent les Indiens et les Chinois non-seulement par la force matérielle,

mais par la supériorité morale, et que les peuples asiatiques qui vivent sous leur domination ne cessent de
voir en eux des êtres supérieurs par le rang et la fortune. Les Orientaux se laissent facilement séduire
par les apparences du luxe; les Anglais ont parfaitement compris cette tendance de leur caractère, et
c'est sans doute la cause de la magnificence qu'ils
déploient dans leurs colonies des Indes et de la Chine.

L'hôtel de l'Espérance est le meilleur de la ville. On
y trouve de beaux appartements, une bonne table, de
spacieuses salles de bains, des billards et un jeu de
boule, mais tout y est très-cher. De nombreuses
voitures attelées de petits chevaux de Batavia, qui
résistent très-bien à l'ardeur du climat, stationnent
toute la journée devant l'hôtel et aux abords du débarcadère, et il n'y accoste pas un canot sans qu'aussitôt
les cochers viennent offrir leurs services aux passagers
qui débarquent. Ce sont des Indiens et des Malais;
au lieu de monter sur le siége de la voiture, ils se
tiennent près du cheval, et courent ainsi à ses côtés,
très-rapidement. Ils étaient tous surpris de nous voir
souvent refuser leurs offres, dans un pays où les
moindres commerçants ont leur équipage, et où il est
devenu proverbial qu'on ne voit à pied que les chiens
et les Français.

Le palais du gouverneur est situé au milieu de la
ville, sur une colline qui la domine et d'où l'on
jouit d'un panorama magnifique. On voit à ses pieds
la ville anglaise avec ses jardins, le populeux quartier
chinois et le port rempli de bateaux, tandis qu'au loin
la vue, après avoir erré sur la rade, se perd sur les

forêts qui entourent l'horizon de toutes parts. Cette colline est couronnée par une batterie armée de quelques pièces de canon, et admirablement située pour foudroyer le quartier chinois au moindre signal. Cette précaution se retrouve, comme nous le verrons, dans la plupart des villes de l'Inde et du littoral chinois où les Anglais se sont établis, et elle a bien sa raison d'être à Singapore, où la garnison n'est formée que par une compagnie de cipayes et quelques artilleurs européens.

L'église catholique, également située dans ce quartier de la ville, a peu d'apparence, et est beaucoup moins monumentale que le temple du culte anglican qui a été élevé avec le produit de souscriptions faites par les négociants anglais. Elle est très-bien tenue, et les prêtres français des missions étrangères qui la desservent font chaque jour de nombreux disciples parmi les indigènes et jouissent à Singapore d'une considération méritée. De temps à autre, quelques missionnaires que les fatigues de leur apostolat en Cochinchine ont rendus malades, viennent y prendre quelque repos avant de recommencer leurs pénibles voyages. Ils amènent presque toujours avec eux de jeunes Annamites choisis parmi les plus intelligents. Ils sont envoyés au séminaire de l'île de Poulo-Pinang et, leur éducation terminée, vont rejoindre dans les missions les pères français et partager tous leurs périls. Un pont jeté sur la rivière nous conduit dans le quartier chinois; il est aussi animé que la ville anglaise est triste. On y circule avec peine au milieu de la foule des Indiens, des Malais et des

Chinois qui accomplissent les plus rudes travaux pendant que les Anglais font tranquillement leur sieste quotidienne. Une de nos premières visites fut pour le bazar, où l'on trouve réunis aux bronzes et aux produits des arts et de l'industrie européenne les productions variées de la Chine, du Tonkin et du Japon. Tous ces objets valent déjà à Singapore le triple de ce qu'on les paie à Canton ou à Macao, et trouvent cependant de nombreux acheteurs. La plupart des négociants ont dans ce quartier, sur le quai qui borde la rivière, de vastes magasins, remplis de mille objets nécessaires aux bâtiments, et particulièrement des chaînes, des ancres, des cordages et des canons dont le sort est de changer souvent de propriétaires. Les pirates malais, qui sont en grand nombre dans le détroit de Malacca, viennent les acheter à Singapore, ainsi que les boulets et la poudre dont ils ont besoin pour attaquer les bâtiments de commerce que le calme surprend dans le détroit. De temps en temps quelques navires de guerre anglais vont à la rencontre de ces forbans, leur reprennent leurs canons qui sont rachetés par les Chinois pour être revendus ensuite aux Malais.

A mesure que l'on s'éloigne des bords de la rivière, les constructions européennes disparaissent, et on ne voit plus que des ruelles formées de boutiques chinoises et malaises. La plupart sont pourvues d'arcades bordées de magasins et d'ateliers où les artisans poursuivent leur travail journalier, et donnent aux passants le spectacle varié de leur différentes industries. Rien ne saurait donner une idée de l'animation que présente ce quartier pendant la nuit, et son étrangeté frappe vivement l'imagination du voyageur qui y pénètre pour la première fois. L'air même qu'on y respire a une odeur particulière et indéfinissable.

Toutes les maisons sont garnies de lanternes dont la grosseur et la matière varient avec le goût du propriétaire. Il y en a de rondes, d'ovales, de carrées : les unes sont peintes des couleurs les plus éclatantes, les autres sont ornées d'animaux fantastiques ou couvertes d'inscriptions rouges et noires. Lorsqu'elles sont allumées au coucher du soleil, elles donnent à la rue, où pullule une population exubérante, le plus singulier aspect. Les Chinois qui se promènent ont pour la plupart une lanterne à la main, et ces lumières qui se meuvent en tous sens augmentent encore l'originalité du tableau.

La population est si compacte dans ce quartier que l'on est obligé de s'y frayer un passage à coups de canne ; c'est un argument devant lequel les Chinois s'inclinent toujours. Les barbiers, la marchands ambulants sont en grand nombre. Ces derniers portent leurs denrées dans de grands paniers en bambou, attachés aux extrémités d'un morceau de bois dont ils appuient le milieu sur leur épaule. Ils jettent un cri particulier pour prévenir de leur approche ; mais le plus souvent leur voix se perd au milieu du bruit qui les entoure, et à chaque instant ils viennent se heurter contre les passants. Les restaurateurs ont aussi leurs boutiques en plein air, et on peut y voir à toute heure des Chinois attablés. Les tables disparaissent sous des monceaux de légumes et de fruits, de canards laqués, de chapelets de rats, d'œufs et de poissons pourris, en un mot, de tout l'attirail nauséabond de la cuisine chinoise. C'était avec une curiosité bien légitime que nous parcourions chaque soir les rues du quartier chinois. Nous trouvions aux scènes bizarres et variées qui se succédaient sous nos yeux un singulier attrait. Mais, plus tard, lorsque les hasards de l'expédition nous ramenèrent à Singapore, nous n'y fîmes plus que de rares apparitions ; le charme avait cessé, et nous préférions de beaucoup la promenade anglaise où nous retrouvions les mœurs et les costumes européens qui nous rappelaient la patrie.

La population chinoise s'élève à quarante mille habitants. Presque tous sont des émigrants du littoral de la Chine qui accourent à Singapore chercher fortune; cette population est essentiellement flottante : chaque année, les jonques reconduisent dans leur pays ceux que des spéculations heureuses, ou leur industrie, ont enrichis, et jettent dans la ville de nouveaux colons. Les voyages de ces navires sont périodiques; leur forme, presque carrée, et la singulière disposition de leur voilure ne leur permettent pas de naviguer contre le vent. Il faut donc qu'ils profitent des brises périodiques qui règnent dans les mers de Chine. Leur départ a lieu vers le mois d'octobre, alors que la mousson de N.-E. est établie. Ils arrivent à peu près tous ensemble à Singapore, et forment sur la rade comme une ville flottante où ils attendent, désarmés et recouverts de toitures en nattes, que les vents de S.-O. succèdent à la mousson de N.-E. Les jonques ont tout le temps de débarquer leurs riches cargaisons de riz, de soie et de thé qu'elles échangent contre les pro-

duits de l'industrie européenne. Lorsque le renverse-
ment de mousson a eu lieu et que l'heure du départ a
sonné, les flammes aux milles couleurs serpentent au
haut des mâts, les toitures disparaissent, les voiles
s'enverguent et l'activité la plus grande succède partout au repos. Les gongs, les tam-tams et les cloches
unissent leurs sons discordants, les pétards y joignent
leurs stridentes détonations, et l'appareillage a lieu
au milieu de ce tapage infernal. Il est rare que les
jonques partent isolément. Elles forment de grands
convois qui mettent à la voile, ainsi que nous l'avons
dit, à des époques fixes, et naviguent de conserve pour
intimider par leur nombre les pirates qui les guettent à leur départ et qui parviennent trop souvent à
en prendre quelques-unes et à disperser le reste.

Les Chinois commencent cependant à s'établir définitivement dans la ville et à y amener leurs familles.
Ils sont encore en petit nombre, et c'est surtout chez
eux que l'on trouve les grandes fortunes dont nous
parlerons plus loin. Ils conservent toutes les coutumes de leur pays, et le contact continuel des Européens ne les a pas encore rendus plus sociables dans
les relations privées. Nous allons passer en revue
celles de leurs habitudes que nous avons pu le mieux
étudier à Singapore, et dire quelques mots de leurs
usages. Nous commencerons par les fumeurs d'o-
pium.

Il y a à Singapore un grand nombre de maisons qui
leur sont consacrées ; presque toutes sont situées dans
la même rue. Elles existent sous la garantie du gouvernement anglais qui les tolère et prélève sur elle un

impôt considérable. Elles sont fréquentées par les coolies et les petits boutiquiers chinois qui s'y rendent tous les soirs et viennent chercher dans l'ivresse l'oubli des fatigues et des privations de leur longue journée de travail. Les propriétaires de ces établissements en font assez volontiers les honneurs aux étrangers, et il est très-facile de se donner le plaisir de voir sur les fumeurs l'action graduée de l'opium, depuis le simple étourdissement jusqu'à la prostration la plus complète. Les salles destinées aux fumeurs ne brillent ni par le luxe, ni par l'élégance. Elles sont simplement meublées de lits de camp en bois, recouverts de nattes de pailles et garnis de coussins. Chaque fumeur reçoit en entrant les ustensiles qui lui sont nécessaires, c'est-à-dire une pipe, une lampe, une aiguille d'acier et une petite boîte contenant l'extrait d'opium; puis il se couche et fume le plus souvent, il faut bien l'avouer, jusqu'à l'ivresse et l'abrutissement le plus absolus.

Il ne faudrait pas conclure de ce qui se passe dans les établissements dont nous parlons que tous les Chinois soient adonnés à l'usage de l'opium, et en fassent l'abus que nous venons de signaler. Le prix élevé de cette substance, qui coûte environ trente piastres mexicaines l'once, ne permet pas à tout le monde d'en fumer à volonté, et c'est une des principales raisons pour qu'on n'en abuse pas.

Enfin, la plupart des Chinois connaissent les inconvénients de cette habitude, et s'ils ne veulent pas se priver des jouissances que procure l'usage modéré de l'opium, ils savent au moins s'arrêter devant le danger. Parmi tous les besoins factices que l'homme s'est créés dans tous les pays du monde, il n'en est pas auquel on ait attribué une plus fâcheuse influence qu'à l'usage de l'opium. Cet effet a été bien exagéré, et l'on serait porté à croire, en lisant les descriptious des voyageurs et des écrivains qui ont traité ce sujet, que ce commerce, si lucratif pour les Anglais, excite chez ses détracteurs plus de jalousie nationale que d'intérêt réel pour les Chinois. Certes, l'abus de l'opium est nuisible, mais l'entraînement irrésistible que subissent, dit-on, les fumeurs, nous a toujours paru moindre que la facilité avec laquelle les Européens arrivent à abuser des liqueurs alcooliques. Nous croyons donc que l'usage modéré de l'opium est exempt des dangers qu'on lui attribue, et nous avons pu voir aussi bien à Singapore que dans les autres villes de Chine que nous avons parcourues, un grand nombre de fumeurs conserver jusqu'à l'âge le plus avancé leur intelligence et leur force. Quant à son usage excessif, il entraîne rapidement la perte de toutes les facultés et la mort. L'abbé Huc, dans son beau livre sur la Chine, dit que les fumeurs d'opium finissent par succomber, après avoir passé successivement par la paresse, la débauche, la misère, la ruine de leurs forces physiques, et la dépravation complète de leurs forces morales et intellectuelles. Il a remarqué que la postérité de ces malheureux est étiolée, souffreteuse et comme frappée d'une déchéance intellectuelle précoce.

Plusieurs Européens qui avaient adopté cette coutume et que j'ai interrogés, m'ont fait le tableau sui-

vant de l'effet produit par l'usage modéré de l'opium.
Suivant eux, cet état est comparable à un demi-som-
meil : on ne rêve pas, et cependant les idées prennent
une tournure singulièrement agréable, la réalité
s'échauffe et se pare des plus brillantes couleurs. On
n'est pas tout à fait étranger à ce qui vous environne,
mais les sensations ne sont plus nettes. Elles persistent
pourtant à un degré suffisant pour que l'entourage
du fumeur ne soit pas indifférent au genre de plaisir
qu'il éprouve. C'est pour cela qu'à Singapore les Chinois fument l'opium dans des pipes dont les four-
neaux représentent des images lascives ou obscènes.
Ils se procurent ainsi des heures délicieuses de sommeil, dont le souvenir persiste au réveil. Ceci pourrait
expliquer l'entraînement que subissent certains fumeurs, et par suite l'usage immodéré de l'opium.
Mais si la quantité d'opium employée est exagérée,
l'exaltation fait place à l'abattement, et le fumeur,
silencieux, affaissé et privé de connaissance, tombe
dans un sommeil léthargique qui se prolonge pendant
plusieurs heures. Au réveil la lassitude est extrême,
et sur la physionomie pâle et hébétée, se trahissent les
signes du plus profond accablement. Les maisons de
jeu sont aussi fort nombreuses à Singapore; et nous
avons vu bien souvent des Chinois s'y glisser furtive-
ment pour y jouer l'argent qu'ils avaient gagné dans
la journée. Ils ont une passion si effrénée pour le jeu,
que l'on rencontre à chaque instant dans les rues des
marchands jouant entre eux leurs denrées, et ne s'ar-
rêtant qu'après avoir tout perdu. Il en est de même
des coolies qui se disputent entre eux, à tous les car-

refours, les quelques sapèques qu'ils doivent à leur travail.

Disons maintenant quelques mots des temples des Chinois et de leurs pratiques religieuses. Singapore possède plusieurs pagodes, mais une seule est digne d'intérêt. Elle se compose d'une série de kiosques surmontés d'ornements fantastiques et disposés sans symétrie. Son ensemble n'a rien d'imposant, mais l'on trouve dans toutes ses parties des détails d'un fini merveilleux. Toutes les boiseries sont sculptées avec beaucoup d'art, et il est à regretter que la finesse de leurs élégantes découpures ait disparu sous les couches d'une affreuse peinture rouge. Les murs sont tapissés de tableaux et couverts d'inscriptions, et les autels ornés de statues colossales sont enrichis d'étoffes précieuses. Les statues des dieux ont des moustaches énormes, et celles des diables qui les entourent, ne sont ni moins grimaçantes ni moins horribles que toutes celles que l'on peut voir dans les autres pagodes du Céleste-Empire. On dit que tous les matériaux qui ont servi à sa construction ont été apportés à Singapore par les jonques, et que les Chinois qui ont abandonné leur pays pour y venir chercher fortune, ont élevé à leurs frais ce temple de leur culte. Il y a toujours un assez grand nombre de Chinois dans la pagode. Ils y fument presque tous, et se servent même pour allumer leurs pipes des bougies de cire parfumée qui brûlent devant les autels. Plusieurs devins se sont installés dans les jardins, dans les kiosques et exploitent sous toutes les formes la crédulité de leurs compatriotes. Les uns se servent, pour prédire la destinée, de petits oiseaux, quelques-uns se bornent à consulter des caractères cabalistiques, d'autres emploient des figures ou des miroirs. Nous avons eu un jour occasion d'assister à une offrande que faisait un vieux Chinois; voici ce que nous lui vîmes faire. Après avoir embrassé plusieurs fois la terre, il prit sur une table de laque deux petits morceaux de bois allongés, ronds d'un côté et plats de l'autre. Il s'agenouilla, et, levant les mains au-dessus de sa tête, il les jeta à terre à différentes reprises. Il paraît qu'il fut satisfait de la manière dont ils étaient tombés, car il recommença bien des fois, et se prosterna de nouveau. On nous a assuré que lorsque la chute des morceaux de bois n'est pas favorable, les Chinois s'irritent contre leurs divinités, cessent leurs prières et remportent leurs offrandes. Prenant ensuite un gros étui en bambou rempli de baguettes longues et légères, notre dévot s'approcha de l'autel et, après avoir de nouveau embrassé la terre, présenta aux dieux quelques bananes, du thé et des viandes qu'il remporta en s'en allant. Nous le suivîmes dans une des cours de la pagode, où il fit brûler du papier magique dont la vente est un des principaux revenus des bonzes qui desservent le temple et qui l'habitent.

Quelques Chinois ont réalisé à Singapore de brillantes fortunes. A leur tête, il faut citer   am-poa, le plus riche et le plus estimé de ses compatriotes. Venu dans la colonie sans une piastre, il est aujourd'hui plusieurs fois millionnaire. Il se tient toute la journée à son magasin situé sur les bords de la rivière, et en le voyant, simplement vêtu d'une modeste robe grise,

s'occuper aux mille détails de son commerce, on ne se
douterait guère que l'on a devant les yeux un homme
dont la signature vaut des millions. Tout le monde le
connaît à Singapore, les négociants anglais et les autorités de la ville le recherchent. Il a été longtemps le
fournisseur de l'escadre française qui faisait la guerre
en Cochinchine, et nous n'avons jamais eu qu'à
nous louer des rapports que nous avons eus avec lui.
Il n'a pas les sympathies de ses compatriotes, jaloux
de l'influence qu'il a su acquérir. Tous les soirs il se
rend en voiture à sa maison de campagne, située à
quelques milles de la ville. Il y a réuni tous les trésors des arts de l'Europe et de l'Asie, et ses salons
font l'admiration des quelques étrangers qui sont ad-
mis à les voir. Une nuée de domestiques épient ses
moindres désirs. Il a eu l'esprit d'adopter des coutumes européennes celles qui sont raisonnables, et
de conserver les bons usages de son pays.

Lors de notre premier voyage à Singapore, Vam-poa
était veuf et devait se remarier quelques jours après
notre départ. Sa fiancée venait d'arriver de la Chine,
et, bien qu'elle habitât sa maison, on nous assura
qu'il n'avait pas encore pu la voir. Elle devait, d'après
le rite chinois, lui rester invisible, car l'époux n'a le
droit de lever les voiles qui couvrent sa femme que
dans la chambre nuptiale, alors que toutes les cérémonies du mariage sont terminées.

Sauf cet habile négociant et quelques autres de ses
compatriotes que la fortune a également favorisés,
la plupart des Chinois sont adonnés à l'industrie. Ils
forment une population laborieuse et active qui em-

brasse tous les métiers, depuis les plus lucratifs jusqu'aux plus humbles et aux plus bas. Leur nombre s'accroît chaque année, et la domination anglaise ne peut que leur être favorable. Tranquilles sur la possession des richesses qu'ils acquièrent à l'ombre de cette protection, ils commencent à se décider à faire venir leurs familles et à s'établir définitivement dans le pays. Trop longtemps les Chinois sont restés cloués au sol qui les a vus naître. Ceux que l'intérêt en a éloignés y sont toujours revenus, comme s'il leur était impossible de vivre ailleurs. Ils commencent aujourd'hui à briser ce lien indissoluble qui les attachait à leur patrie, et Singapore a été une des premières colonies où le commerce anglais a su les attirer et les fixer.

Les Indiens et les Malais forment le reste de la population de la ville; nous n'en dirons que quelques mots. Les Indiens sont grands, bien faits, agiles, et ont l'air intelligent; tous portent sur le front une petite tache dont la couleur et la forme variables sont les marques distinctives des sectes religieuses auxquelles ils appartiennent. Leur costume n'a rien de remarquable : ils ont la tête enveloppée d'un large turban de mousseline, ou couverte d'un petit bonnet en paille de différentes couleurs : ils portent une longue robe blanche ou bien s'entourent la taille d'une pièce d'étoffe qui leur descend jusqu'aux genoux. Ils ont apporté sous ce ciel brûlant que le soleil inonde de ses feux, leur insupportable paresse, et toutes les superstitions de la mythologie indoue. Ils n'ont créé à Singapore aucune industrie. C'est parmi eux que l'on trouve ces jongleurs si renommés dont nous avons eu bien souvent l'occasion d'admirer le talent ; c'est encore dans leurs rangs que les Anglais choisissent leurs domestiques et les employés inférieurs de leurs maisons de commerce.

Les indigènes, les émigrants de l'île de Java et de la presqu'île de Malacca qui sont accourus à Singapore sont confondus sous le nom de Malais. Ils sont noirs, petits, vifs et bien proportionnés : ils ont l'air fier et ne manquent pas de courage. Presque tous ont les dents noircies par l'usage fréquent qu'ils font du bétel. L'extrême chaleur du climat les oblige à aller presque nus, et ils n'ont pour tout vêtement qu'une écharpe qu'ils enroulent autour de leur corps. Leurs mœurs sont très-dissolues, et les femmes malaises, dont les maris poussent par trop loin la complaisance, font les délices des équipages des navires qui s'arrêtent à Singapore. Elles sont pourtant loin d'être belles ; leurs cheveux d'un noir de jais sont lustrés avec de l'huile de coco qui leur donne une odeur désagréable. Elles portent de longues boucles d'oreilles, et quelques unes ont le nez traversé par un anneau de métal. Celles qui ne mâchent pas de bétel ont les dents très-blanches, mais c'est le plus petit nombre, les autres les ont noires et les perdent de très-bonne heure. Leurs poignets et leurs chevilles sont ornés de bracelets en verroterie. Enfin elles ont aussi l'habitude de placer dans leurs cheveux des bouquets de jasmin, et de porter des colliers de cette fleur dont le parfum corrige un peu l'odeur forte et nauséabonde de l'huile de coco. Les autres peuples asiatiques n'ont qu'un petit nombre de représentants à Singapore. Ceux dont nous venons d'esquisser rapidement le caractère vivent les uns à côté des autres sans jamais se confondre, et nous doutons qu'ils se mêlent jamais d'une manière durable. Il est facile d'en apercevoir la raison, et c'est dans la différence des mœurs, des langues et surtout des religions qu'il faut la chercher. Les Anglais ne tenteront pas d'obtenir ce résultat qui importe peu à leur commerce et en supposant qu'ils le voulussent, comment pourraient-ils triompher de ces résistances qui se cachent et se replient dans le cœur et jusque dans le sang des nations?

Pendant que nous parcourions ainsi la ville, la *Saône* se préparait à reprendre la mer. Elle se rendit pour faire son charbon à New-Harbour où la compagnie de navigation péninsulaire orientale a fait élever de magnifiques magasins et d'immenses entrepôts de charbon. Les nombreux paquebots qui sillonnent en tous sens les mers de l'Inde et de la Chine y trouvent les approvisionnements qu'une sage prévoyance y a accumulés et qui ne leur font jamais défaut. Notre bâtiment était amarré bord à quai, ce qui favorisait beaucoup nos excursions. Pendant que nos passagers et nos matelots se rendaient de préférence dans le quartier Malais, nous courions l'île en tous sens. La campagne est charmante, et il serait difficile de se faire une idée de la richesse que la nature a déployée dans ce petit coin de l'Inde. Les bois présentent les arbres les plus gigantesques et les plus variés, couverts en tout temps de fleurs, de feuilles et de fruits. Les

palmiers élancés, les bambous au port élégant, les
lianes aux formes multiples et bizarres ajoutent singulièrement à la beauté et à l'originalité du paysage.
Les bananiers, les ananas, et mille fleurs éclatantes
croissent à l'ombre de ces géants de la végétation des
tropiques.

La route qui conduit de New-Harbour à la ville est
bordée de maisons de campagne où les négociants et
les consuls viennent le soir se reposer de leurs travaux. Les villages disséminés dans l'île ont un aspect
très-original, surtout ceux qui sont un peu éloignés
de Singapore et où la civilisation n'a pas encore pénétré. Les cases qui les forment sont presque toutes
construites en bambous. Sur le bord de la mer, elles
s'avancent au-dessus de l'eau et fournissent des abris
aux pirogues des pêcheurs. Des bois de cocotiers et
de palmiers forment à ces cabanes des dômes de verdure, tandis que des lauriers roses, des grenadiers et
des orangers aux couleurs éclatantes et aux parfums
pénétrants embellissent leurs jardins. Chacun de ces
villages possède sa mosquée et son cimetière. Ils ont
pour population exclusive des Malais devenus Maho-
métans.

L'intérieur de l'île est couvert de bois qui servent
de repaires à un grand nombre de tigres. Ces animaux
traversent pendant la nuit le petit bras de mer qui la
sépare de la presqu'île de Malacca dont ils abandonnent les forêts. Ils font dans l'île de nombreuses victimes et attaquent particulièrement les Chinois. Ils
les surprennent lorsqu'ils travaillent isolés dans la
campagne près des gués où ils vont se désaltérer et

sur la lisière des bois. Les Anglais organisent quelquefois contre ces redoutables voisins de grandes
chasses comme celles dont tous les voyageurs qui ont
écrit sur l'Inde nous ont tracé le tableau; les Malais
et les Chinois leur font aussi une guerre acharnée et
leurs piéges en détruisent un grand nombre. Ils con-
sistent en fosses profondes où l'on place des pieux de
fer et que l'on recouvre de branchage. Ces piéges sont
dressés avec une telle habileté que les yeux des Européens ne peuvent les reconnaître et qu'il est souvent
arrivé que des promeneurs qui erraient sans guide
dans la campagne y soient tombés. Quelque temps
avant notre arrivée à Singapore, un missionnaire venait d'être victime d'un accident de ce genre dans les
bois de l'île de Poulo-Pinang. Nous avons pu voir
dans le quartier Malais un tigre magnifique qui venait d'être pris par ce moyen; il était enfermé dans
une énorme cage de bambou et les Indiens et les Chinois ne s'en approchaient qu'avec les marques de la
plus grande terreur.

Nous avons eu tout le temps de parcourir la plupart des îlots qui entourent la rade. Accompagné
d'un domestique et armé d'un fusil, nous faisions de
longues excursions dont la chasse était le prétexte, et
nous allions visiter les villages des pêcheurs Malais
et les fabriques exploitées par les Chinois. Enfin le
jour de notre départ arriva, et le 21 juillet, la *Saône*
appareilla pour Hong-Kong où elle devait rejoindre
l'escadre placée sous les ordres de l'amiral Rigault
de Genouilly.

Tel est aujourd'hui l'état de Singapore : deux fois

les hasards de notre campagne nous ont ramené dans cette ville, et nous avons pu juger du progrès qu'elle fait tous les jours. C'est une colonie florissante devenue sous le protectorat anglais un foyer de civilisation et de lumières pour les peuples de ces magnifiques et lointaines contrées. Au point de vue du commerce, Singapore n'est qu'un vaste entrepôt, et sa prospérité tient uniquement à ce que c'est le seul point où il ait été permis jusqu'ici d'offrir à la navigation et au commerce, sur la route de la Chine, un port sûr et protégé par une grande nation, et c'est encore le rendez-vous obligé de tous les navires qui parcourent les mers de l'extrême Orient.

OCCUPATION DE TOURANE

Du 1er septembre 1858 au 1er mai 1859.

Nous n'avons pas à nous occuper ici des causes qui ont amené l'expédition de Cochinchine, nous devons nous borner à retracer l'histoire des principaux faits qui ont signalé le début de cette guerre et particulièrement l'occupation de Tourane, où la *Saône* a séjourné environ dix-huit mois et où ses officiers et son équipage ont pris la part la plus active aux travaux de l'expédition.

De brillants faits d'armes, où le courage et l'audace de nos marins ont souvent triomphé d'un ennemi supérieur en nombre, ont jeté un nouvel éclat sur notre marine : des privations de toutes sortes, inséparables d'une pareille campagne effectuée si loin de la mère patrie, et supportées avec une résignation dont on n'a peut-être pas assez tenu compte, sont venues fondre sur le corps expéditionnaire, et les épidémies meurtrières qui les ont éprouvés, ont trouvé nos soldats et nos marins aussi résignés qu'ils avaient été braves dans les combats. Un seul et noble vouloir, celui de faire respecter par le despote de la Cochinchine la France outragée, a toujours animé les chefs qui ont dirigé cette expédition : leur énergie, la bravoure et les vertus civiques de nos marins ont fini par doter la France d'une magnifique colonie où l'honneur du drapeau national a brillé de tout l'éclat de la victoire, et où elle poursuit aujourd'hui l'œuvre de civilisation qu'elle a si généreusement entreprise.

A la fin du mois d'août 1858, l'escadre des mers de Chine, placée sous les ordres du contre-amiral Rigault de Genouilly, se trouvait réunie à Yu-li-kan, petit port situé au sud de l'île d'Hainam, en face de la côte de Cochinchine. Elle se composait de la frégate à voile la *Némésis*, portant le pavillon de l'amiral, de corvettes à vapeur le *Phlégéton* le *Primauguet*, des canonnières l'*Avalanche*, la *Dragonne*, la *Fusée*, la *Mitraille* et l'*Alarme*, et des transports la *Meurthe*, la *Gironde*, la *Dordogne*, la *Durance* et la *Saône*. Deux bataillons d'infanterie de marine, une batterie d'artillerie, quelques sapeurs du génie étaient embarqués sur ces différents navires et formaient un effectif d'environ 1,500 hommes que vinrent bientôt rejoindre 800 Tagals envoyés de Manille sur la *Durance* et l'aviso à vapeur espagnol *El-Cano*. D'après des arrangements concertés entre la cour des Tuileries et la reine d'Espagne, ces derniers, formés de troupes indigènes des Philippines, devaient partager avec nous tous les dangers de la campagne. Après quelques jours employés à différents exercices interrompus par une épidémie de choléra, toutes les troupes revinrent à bord, et le 28 août dans la matinée, l'escadre reçut l'ordre d'appareiller et de faire route vers Tourane. La traversée s'accomplit heureusement, et le 31, à six heures du soir, nos bâtiments venaient mouiller à l'entrée de la baie de Tourane que nous devions attaquer dès le lendemain.

Ce n'était pas la première fois qu'une flotte française se présentait devant Tourane. En 1844 , la frégate l'*Héroïne* y était venue réclamer la liberté de cinq missionnaires arrêtés par les mandarins, et, quatre ans plus tard, les corvettes *la Gloire* et *la Victorieuse* y avaient brûlé, pour le même motif, un grand nombre de jonques et tué un millier de soldats. Enfin, en 1856, M. de Montigny, chargé d'affaires de France, y avait fait une courte apparition à bord du *Catinat*, et n'avait rien pu obtenir du gouvernement de la cour de Hué. Cette fois, il ne s'agissait plus d'une manifestation passagère, mais bien d'une occupation militaire du pays, que nous pensions tous devoir être définitive. Il n'en fut rien, et, après dix-huit mois de combats sans cesse renaissants et de privations multipliées, il nous fallut, comme on le verra plus loin, abandonner cette place qui nous coûtait tant de victimes.

La baie de Tourane est située par 16°,07′ de latitude nord et par 105°,57′ de longitude est, sur la côte de Cochinchine. Elle décrit environ les trois quarts d'une ellipse dont le plus grand diamètre, qui se dirige de l'est à l'ouest, a environ sept milles marins, tandis que le plus petit, courant du sud au nord, n'en a que trois milles. Elle est fermée au nord par une presqu'île peu étendue et montagneuse, dont le sommet était alors couronné par un fort en pierres, et par un petit îlot dont les fortifications se trouvaient cachées par une luxuriante végétation. Une chaussée en pierres d'environ six cents mètres, ouvrage informe des Annamites, reliait cet îlot à la terre ferme. La partie de la baie qui s'étend du nord au sud en passant par l'est, est formée par une chaîne de montagnes dont le plus haut sommet mesure quatre cent cinquante mètres et dont les contre-forts, couverts de broussailles inextricables, viennent par une pente excessivement rapide jusqu'au rivage bordé d'une belle plage de sable. Au sud est le terrain qui se resserre en s'abaissant, et forme une plaine entrecoupée de rizières et sillonnée de nombreux ruisseaux.

A notre arrivée, quelques villages composés de cabanes en bambous étaient disséminés dans la plaine et près du rivage. Ils étaient occupés par une population misérable dont la pêche formait la seule ressource. Une petite rivière, dont les bords étaient couverts de bois, se jette au fond de la baie. Son embouchure était défendue par deux forts en pierre, construits autrefois par les ingénieurs français, ainsi que tous les ouvrages militaires de la rade. La ville, ou plutôt la bourgade de Touranè, occupait les deux bords de la rivière. Elle fut ruinée autant par ses propres habitants que par nos soldats. De magnifiques plaines, ombragées par de belles allées de cocotiers et couvertes de rizières et de champs d'arachides, s'étendaient au loin sur la rive droite. Leurs bois touffus disparurent plus tard sous la hache de nos sapeurs, et les champs dévastés n'offrirent plus que des collines arides parsemées de tombeaux.

Le côté opposé de la baie présente le même aspect, mais les montagnes y sont plus élevées et plus abrup-

tes, et laissent entre elles et la mer une langue de
terre plus considérable. La route royale qui sillonne
tout l'empire d'Annam passe au bord du rivage, et
les villages qu'elle traverse sont à la fois plus nombreux et plus riches.

Lorsque l'escadre eut pris son mouillage, les barques qui l'observaient s'empressèrent de regagner
Tourane et les villages disséminés dans la baie, et
échappèrent ainsi à la poursuite de deux canonnières
qui leur donnèrent la chasse. La nuit se passa sans
encombre, les Annamites se bornèrent à entretenir
de grands feux de signaux sur le sommet des montagnes. A bord de nos navires le silence ne fut troublé
que par les appels réitérés des factionnaires qui se
répondaient entre eux ou qui hélaient les canots de
ronde. Le temps clair permettait d'apercevoir parfaitement les forts qui auraient pu paraître abandonnés
si, de temps en temps, quelques lumières, brillant
par leurs embrasures, n'avaient trahi les préparatifs
de leurs défenseurs.

Le 1er septembre, à six heures du matin, l'escadre
leva l'ancre et vient prendre sa ligne d'embossage devant les forts. Les Annamites restèrent spectateurs
inoffensifs de ce mouvement et n'essayèrent pas de
s'y opposer. Une sommation de se rendre étant restée
sans réponse, tous les bâtiments ouvrirent à la fois
un feu terrible sur les ouvrages annamites qui ripos-
tèrent faiblement. Le bombardement dura à peine
une heure, et les canonniers ennemis, écrasés à leurs
pièces par les éclats de nos obus, renoncèrent à une
résistance devenue impossible. Les troupes d'infante-

rie de marine et les compagnies de débarquement des navires, déjà animées par le bruit du canon et jalouses de prendre part à l'action, furent jetées sur le rivage, et leur débarquement s'effectua avec la plus grande rapidité. Pendant que les marins, sous les ordres du commandant Reynaud de *la Némésis*, s'emparaient sans résistance des forts de l'Observatoire et du Nord, quelques compagnies d'infanterie de marine s'établissaient dans la batterie de l'Aiguade. Partout nos projectiles avaient fait les plus grands ravages. Des cadavres mutilés d'artilleurs annamites gisaient aux pieds de leurs canons démontés, au milieu d'un incroyable amas de débris de meubles, de vaisselle et d'armes de toute espèce. Les blessés poussaient des cris de douleur et semblaient attendre qu'on leur donnât le dernier coup. Une soixantaine d'Annamites, surpris par la rapidité de notre débarquement, n'eurent pas le temps de gagner la montagne et furent faits prisonniers. Les forts occupés, le corps expéditionnaire se réunit sur la plage et nous pûmes, de nos navires, suivre tous ses mouvements. La chaleur était étouffante, le ciel sans nuages, et il ne fallait pas songer à se mettre en marche. Nos soldats préparèrent donc leur repas et prirent quelque repos. Ce ne fut qu'à quatre heures qu'ils commencèrent à se porter en avant pour aller camper sur la presqu'île de Quienchâ, entre les montagnes et la rivière. Les Annamites n'inquiétèrent pas leur marche qui s'effectua heureusement malgré les mille obstacles d'une route presque impraticable. L'artillerie ne put suivre qu'avec beaucoup de peine, et les marins qui traînaient les obu-

siers furent souvent obligés de se mettre à l'eau jusqu'à la ceinture. Nos colonnes débouchèrent enfin
dans la plaine et y établirent leur camp.

Pendant ce temps *l'Alarme*, *la Fusée*, *la Mitraille* et
l'El-cano, envoyés à l'embouchure de la rivière, de
l'autre côté de la rade, faisaient sauter le fort de la
rive droite et canonnaient vigoureusement celui de la
rive gauche qui sauta le lendemain dans la matinée.
Lorsque les compagnies de débarquement arrivèrent
dans ces ruines, leur rôle dut se borner à ensevelir
des monceaux de cadavres entassés sous leur murailles écroulées.

Le 2 septembre, la compagnie de débarquement de
la Saône et celles des autres transports rejoignirent
au camp le corps expéditionnaire, et prirent dès lors
une part active à tous ses travaux, en même temps
qu'elles partagèrent ses privations. Dès les premiers
jours, il devint impossible de se procurer des vivres
frais. Les habitants de presque tous les villages s'é-
taient enfuis devant nos troupes, et leurs troupeaux
abandonnés avaient gagné les montagnes. Quelques
buffles, des porcs et des poules tombèrent sous les
coups de nos maraudeurs et furent ramenés au camp;
mais cette ressource, si insuffisante qu'elle fût, man-
qua bientôt. C'était à la confiance qu'avaient inspirée
les rapports des missionnaires qu'il fallait attribuer
cette pénurie. En effet, pendant les derniers jours qui
avaient précédé le départ de l'escadre de Yu-li-kan, les
Chinois avaient amené au marché du camp des bœufs
de petite taille, des volailles et une grande quantité
de bananes et de cocos. Ces vivres avaient été distri-

bués à tous les navires, mais on n'en avait fait qu'une
faible provision. Les missionnaires affirmaient qu'aussitôt notre arrivée à Tourane, les populations s'em-
presseraient de nous accueillir et que nous pourrions
facilement nous procurer les vivres dont nous aurions
besoin. Il n'en fut rien. A peine les forts furent-ils
tombés en notre pouvoir, que le vide se fit autour de
nos troupes, qui trouvèrent les villages abandonnés
et même détruits sur leur passage. En cela, les habitants ne faisaient que suivre les inspirations de leurs
mandarins effrayés de nous voir occuper le pays, et
redoutant la colère de la cour de Hué. Les Annamites
n'éprouvaient pour nous aucune antipathie, et, peu de
temps après notre arrivée, ils apportèrent, soit au
camp, soit à bord de nos navires, les provisions qu'ils
pouvaient se procurer dans un pays dévasté, et le produit de leur pêche qu'ils nous vendaient avec profit.
Les fatigues excessives qu'eurent à endurer nos soldats et les intempéries de la saison contribuèrent,
avec le manque de vivres frais, à occasionner un grand
nombre de maládies. La dysentérie, le scorbut et les
fièvres intermittentes sévirent sans relâche pendant
plusieurs mois et décimèrent nos troupes.

Les missionnaires prétendaient aussi qu'une armée
annamite se formait dans les environs, et que les
mandarins qui avaient promis de nous chasser du
pays, faisaient contre nous d'immenses préparatifs.
En prévision d'un engagement que ces rapports pouvaient faire croire imminent, l'amiral exerçait les
troupes et maintenait dans son camp la discipline la
plus sévère. Des détachements parcoururent chaque

jour la plaine en tous sens, sans jamais trouver l'ennemi. Des embarcations armées en guerre poussèrent
une reconnaissance dans la rivière de Faï-fo et la
remontèrent jusqu'à deux lieues au delà de nos
avant-postes. Elle portaient environ quarante hommes
qui descendirent à terre pour incendier des jonques
en construction et des casernes élevées près d'un
grand village. A peine avaient-ils commencé leur
travail qu'ils furent assaillis par deux cents Annamites.
N'écoutant que leur courage et sans songer à leur petit
nombre, nos soldats se précipitèrent sur l'ennemi qui
prit la fuite devant l'attaque impétueuse de cette
poignée d'hommes. Le mandarin qui les commandait
resta sur le champ de bataille, et nos éclaireurs se rembarquèrent après avoir brûlé le village et une pagode
fortifiée. Cette reconnaissance coûtait à l'ennemi cinq
prisonnniers, trente morts et deux drapeaux. Nous
n'avions pas perdu un seul homme.

Le camp fut levé le 2 octobre. Les troupes revinrent
sur leurs pas pour se rapprocher de l'escadre. Elles
s'établirent entre le fort du nord et une petite rivière
qui coupe la presqu'île au pied des montagnes. Les
avant-postes furent placés au delà de ce cours d'eau,
et l'on commença les travaux parjeter les fondements
d'une batterie que l'on appela batterie Labbe, pour
honorer la mémoire d'un capitaine du génie qui avait
été une des premières victimes du climat meurtrier
de Tourane.

Nous avons dit que les montagnes s'avancent en ce
point jusqu'à la mer. Elles forment une série de
plateaux naturels que l'on utilisa pour élever des

constructions. La dureté du sol formé de rochers granitiques, l'inextricable végétation des brousailles furent autant d'obstacles que la patience de nos travailleurs eut à surmonter avant de poser la première planche de la cité nouvelle, et il fallut de la persévérance pour concevoir même la possibilité de vivre sur ces cailloux brûlés de tous les feux du soleil. Nos soldats laissèrent la carabine pour la pelle et la pioche, et les défrichements avancèrent à grands pas. Chaque soir les feux que nous voyions des navires, serpenter sur les flancs de la montagne, nous annonçaient les progrès des travaux. La saison devenait de plus en plus mauvaise, le sol était détrempé par la pluie qui tombait sans relâche, le tonnerre accompagnait tous les soirs le coucher du soleil et de violents coups de vent détruisaient les fragiles abris de nos troupes. A peine avait-on commencé les travaux qu'éclata le plus terrible orage, et qu'en quelques heures la plupart des tentes furent enlevées. Nos soldats passèrent toute la nuit sous la pluie près de leurs feux éteints par la tempête. La patience de nos troupes composées pour la plupart de soldats de Crimée et familiarisées avec le climat des colonies ne se démentit pas un instant, et bientôt un grand nombre de barraques remplacèrent les tentes sur les plateaux. Les premières fnrent destinées à l'ambulance qui d'abord établie sur l'îlot de l'Observatoire fut transportée au-dessus du quartier général, au centre de l'occupation. Peu à peu tous les soldats purent être logés. On mit à profit les matériaux trouvés en abondance dans l'ancienne ville de Tourane où chaque jour les embarcations allaient chercher des briques, des tuiles et des planches. Des pagodes entières et les plus vastes maisons de la ville furent ainsi démontées pièce à pièce et transportées sur la montagne où elle furent converties en casernes, et en magasins. Bois, pierre, sable, argile tout fut transporté à bras. Les navires envoyés à Manille apportèrent aussi des baraques construites sur les plans de nos ingénieurs et on n'eut qu'à les remonter à leur arrivée. Au mois de janvier 1859, toutes les troupes étaient à l'abri et de vastes magasins élevés sur la plage regorgeaient d'approvisionnements de toute espèce. Notre nouvel établissement attira bientôt des marchands alléchés par l'espoir de gagner beaucoup d'argent dans un lieu où s'élevaient les premiers fondements d'une ville et où il y avait réunis une escadre et de nombreux soldats.

Tels furent les débuts de notre colonie de Tourane. Tout le monde prit une part active aux travaux, et pendant que nos marins allaient chercher tous les jours sur les bords de la rivière les matériaux de construction, nos soldats les remontaient après avoir arraché aux rochers des montagnes l'emplacement nécessaires pour les élever. On s'occupait en même temps des routes destinées à relier entre eux les différents points de l'occupation, et un chemin qui nous coûta bien du monde fut tracé le long du rivage, du fort du nord aux avant-postes. Ce fut ensuite l'eau qu'on s'appliqua à recueillir et à distribuer en abondance sur les plateaux. Un système de tuyaux en bambous communiquant entre eux serpenta bientôt sur toute l'étendue du terrain que nous occupions, des

réservoirs s'élevèrent de distance en distance, et épar-
gnèrent ainsi à nos soldats de nombreuses et fati-
gantes corvées. Les canons des navires remplacèrent
l'artillerie en bronze qui armait autrefois les forts cochinchinois, et une ceinture de blockaus élevés sur les
points culminants entoura les barraques et vint compléter notre système de défense.

Les détails dans lesquels nous venons d'entrer
peuvent paraître bien minutieux, mais ils montrent
que l'on avait tout à créer, et font le plus grand
honneur aux officiers dont l'habileté et la constance
parvinrent à surmonter tous les obstacles. Les rudes
travaux et l'insalubrité du climat occasionnèrent un
grand nombre de maladies, les ambulances s'em-
plirent de malades et le cimetière s'agrandit rapidement. Nous n'eûmes alors à déplorer la perte
d'aucun officier, tant il est vrai que pour supporter les
grandes fatigues et les privations, l'exercice des facultés intellectuelles est beaucoup plus nécessaire
que la force physique.

Laissons un instant nos soldats continuer les constructions de Tourane, et voyons ce qui se passait en
rivière où tout l'intérêt des opérations militaires se
trouva concentré après la levée du camp. Lorsque les
troupes avaient abandonné leur première position
l'amiral avait fait occuper la rivière par cinq embarcations armées en guerre. Pendant six mois elles
restèrent ainsi en garde avancée, et il ne se passa pour
ainsi dire pas un seul jour sans qu'elles eussent des
engagements avec l'ennemi. Pendant tout ce temps
leurs équipages n'eurent pour abri que les tentes de

leurs canots. Tous les jours ils allaient débarquer dans les ruines de Tourane des corvées de travailleurs protégés par de petits détachements. Les Annamites rôdaient toujours dans les bois environnants et épiaient l'occasion de les surprendre. Ils n'y réussirent qu'une seule fois. Le 5 octobre, pendant que les matelots étaient occupés à démolir une pagode qu'ils devaient envoyer à Tourane, un poste de Cochinchinois s'avança à l'abri des broussailles et surprit un factionnaire. Ils lui enlevèrent sa carabine et s'enfuirent en abandonnant son cadavre mutilé.

On apprit à la même époque que les mandarins s'étaient fortifiés près du village de Kam-lé, situé sur la rive droite de la rivière, à l'extrémité de la route royale, à deux lieues et demie du mouillage de la flotille. Il fut convenu que l'on tenterait de les chasser du retranchement qu'ils occupaient. Le 8 octobre à six heures du matin, six canots français et deux faluas espagnoles, portant environ cent dix hommes, remontèrent la rivière qu'ils trouvèrent fermée par un barrage une peu avant d'arriver au village. Cet obstacle fut franchi sans difficulté, et une partie des troupes débarqua pour détruire une redoute qui s'élevait au milieu de la plaine ; elle était abandonnée. Après y avoir mis le feu, les soldats continuèrent à marcher en longeant le bord de la rivière que remontait la flotille. La plaine paraissait déserte, et ce n'était que de loin en loin que les éclaireurs apercevaient des groupes de soldats annamites déguisés en laboureurs et chargés de suivre tous leurs mouvements. Ils s'enfuyaient à leur approche et gagnaient de petits boisde bambous où on les voyait disparaître. Arrivés sur la lisière d'un de ces bois, les chasseurs espagnols qui marchaient en tirailleurs furent assaillis par une grêle de balles. Les canots lancèrent immédiatement quelques obus au milieu des taillis, sans pouvoir arrêter le feu de l'ennemi. Nos soldats furent plus heureux : guidés par la fumée, ils se précipitèrent au pas gymnastique au milieu des Annamites qui, surpris par la rapidité de leur attaque, s'enfuirent à leur approche dans une confusion impossible à décrire, en laissant un grand nombre de morts sur le terrain. L'élan était donné ; le cri : aux batteries! se fit entendre, et en un instant nos soldats arrivèrent devant les retranchements où ils pénétrèrent pêle-mêle avec les Annamites. Ceux-ci se hâtèrent de les abandonner et recommencèrent à courir en poussant de grands cris. Des poudres trouvées en abondance dans les casemates du fort furent noyées. Deux petits pierriers en bronze, que les ennemis avaient abandonnés dans leur fuite, furent transportés à bord des chaloupes ; quant à ceux que l'on ne put emporter, on les encloua et on les jeta dans les fossés. Pendant ce temps les Espagnols s'emparaient d'une seconde batterie encore inachevée ; le village fut brûlé et les troupes se rembarquèrent. Il était alors une heure, l'engagement avait duré longtemps et nos hommes étaient épuisés de fatigue. Ils se reposèrent et prirent leur repas. Ils repartirent bientôt : l'escadrille s'avança encore à plus d'une lieue, et elle se disposait à retourner sur ses pas, lorsqu'elle eut connaissance d'un assez grand nombre de Cochinchinois qui s'avançaient en bon ordre. C'étaient les défenseurs des batteries de Kam-lé qui s'étaient ralliés. Les canots leur envoyèrent quelques volées de mitraille qui les dispersèrent dans toutes les directions après leur avoir fait éprouver des pertes sensibles. Le mandarin qui les commandait fut tué un des premiers, et l'on put voir son cadavre que portaient, sur un palanquin, plusieurs soldats. Quelques-uns de ces malheureux tombèrent encore sous les balles de nos tireurs. Les embarcations reprirent alors la route du mouillage : la nuit était venue, qu'elles s'en trouvaient encore à une assez grande distance, et un silence profond, interrompu seulement par le bruit cadencé des avirons que nos marins ne pouvaient plus manier qu'avec peine, régnait sur la rivière, lorsqu'elles regagnèrent leur poste à minuit.

La fin du mois d'octobre se passa sans nouvelle rencontre, et les travaux continuèrent avec la même activité. Ils devaient durer sans interruption jusqu'à la fin de décembre.

Pendant ce temps, *la Némésis*, les corvettes et les transports restaient au mouillage. Leurs équipages fournissaient chaque jour de nombreuses corvées, et les canots qu'ils envoyaient dans tous les sens une fois armés, la solitude et le silence régnaient à leur bord. On n'y voyait plus que les malades et les convalescents. L'absence de toute distraction, la répétition journalière de travaux toujours identiques amenèrent bientôt l'ennui, et les officiers que leur devoir retenait à bord se désolèrent de leur inaction. Les privations qu'ils avaient à supporter étaient grandes :

ils n'avaient aucun des avantages dont jouissaient leurs camarades occupés à terre, ni l'espérance de voir leur ambition satisfaite. Les canonnières étaient plus heureuses. Elles allaient à tour de rôle croiser sur la côte, et elles s'emparèrent dans une excursion de nombreuses jonques annamites et tonkinoises, expédiées des différentes parties de l'empire au secours des troupes qui occupaient les bords de la rivière. Elles en brûlèrent une quantité, et leurs équipages qu'elles ramenèrent à Tourane vinrent augmenter le nombre des prisonniers détenus au fort de l'Observatoire. Ces sorties fréquentes et pleines d'intérêt rompaient pour leurs marins la monotonie du séjour de la rade que rien ne venait troubler.

Il était bien rare que la vigie du fort du nord signalât l'arrivée de quelque navire, et la présence de la moindre voile à l'horizon devenait de suite un événement. Deux bâtiments français et quelques trois-mâts espagnols, frétés pour les approvisionnements du corps expéditionnaire, furent les premiers qui jetèrent l'ancre au milieu de notre escadre. L'arrivée périodique du courrier, que nous recevions deux fois par mois, venait faire diversion à la vie énervante que nous menions. Comme on comptait les jours! Avec quelle attention on regardait le mât de signaux, et que les lettres étaient les bienvenues. Elles trompaient pour tous les rigueurs de l'éloignement, et la joie était grande lorsque *le Moniteur* annonçait à quelqu'un d'entre nous une promotion impatiemment attendue! Comme on s'arrachait les journaux, et que le temps, dont naguère nous accusions la lenteur, s'écoulait rapidement dans ces lectures où nous retrouvions à la fois le souvenir de la famille et celui de la patrie. Ce bonheur durait peu, la réalité reprenait ses droits, et chaque jour ramenait les mêmes ennuis. Le soir, lorsque les montagnes s'enflammaient des derniers rayons du soleil, on voyait les canots se détacher des navires et gagner le débarcadère. Des groupes nombreux se formaient sur la plage, et pendant que les matelots, libres un instant, allaient attendre chez les marchands l'heure de retourner à bord, les officiers gravissaient les sentiers qui conduisaient au quartier général et à l'ambulance. La musique de *la Némésis* venait s'y faire entendre, et on était sûr d'y rencontrer quelques amis. On oubliait dans de douces causeries la tristesse de la vie solitaire du bord, et on y commentait les nouvelles. Chacun y discutait un plan nouveau de campagne. Les regrets de ceux-ci se mêlaient aux espérances de ceux-là, et les projets allaient leur train. Les malades eux-mêmes, avant de rentrer dans leurs barraques, venaient un instant respirer la fraîcheur. Après avoir donné un coup d'œil sur la rade où s'allumaient les feux de barques de pêche annamites, et que bornaient à l'horizon les hautes montagnes dont les couleurs sombres se mariaient aux nuages, tout le monde se dispersait.

Nous avons dit que le pays avait été abandonné à notre arrivée. Il n'était resté dans les villages que les plus pauvres habitants, ceux que la misère, et la certitude de ne pouvoir trouver autre part un abri, avaient fixés à leurs cabanes. Chaque jour ils apportaient à bord des bâtiments ou au marché de la plage, quelques fruits, des œufs, des volailles et du poisson. Il se glissait souvent parmi eux des espions qui venaient se rendre compte des progrès de nos travaux, et nous tenaient au courant de ce qui se passait dans le camp annamite. On ne saurait se faire une idée de la misère dont nous étions témoins. Ces malheureux que la guerre avait ruinés, couverts de haillons ou à moitié nus, vivaient dans la plus horrible saleté. Poltrons et paresseux, ils passaient leurs journées à fumer, dormir et mâcher du bétel. Ils couchaient pêle-mêle dans leurs cabanes ou à bord de leurs barques. Leur pauvreté, leur insouciante malpropreté leur procuraient une vieillesse anticipée, et il nous arrivait fréquemment de prendre pour des vieillards des hommes qui n'avaient pas quarante ans. Ils avaient bien vite pris l'habitude d'arriver à bord à l'heure des repas des équipages, et se jetaient avec avidité sur les débris qu'on leur abandonnait. Ils se montraient surtout friands du biscuit que les matelots échangeaient avec eux contre des bananes et du poisson.

Le 1er décembre *la Saône* reçut l'ordre de faire ses préparatifs de départ. Elle devait conduire à l'hôpital de Macao des malades et des blessés, et se rendre delà à Hong-Kong pour y prendre des vivres frais et attendre le courrier. Elle appareilla le 3 décembre, et son voyage dura un mois. Lorsqu'elle revint à Tourane, bien de nouveaux travaux avaient été accomplis. Les constructions avaient marché rapidement et la position des soldats était devenue plus tolérable. A force de retourner le terrain, ils étaient parvenus à l'améliorer sur certains points, et ils occupaient leurs loisirs à cultiver près de leurs baraques des jardins où quelques fleurs et quelques légumes pouvaient croître à l'abri des larges feuilles des bananiers. Le temps s'était aussi amélioré : les orages étaient moins violents et devenaient de plus en plus rares ; la pluie avait aussi diminué, et les soldats mieux nourris, bien logés, et moins accablés de corvées, recouvrèrent avec la santé leur gaîté habituelle.

De nouveaux combats avaient eu lieu sur les bords de la rivière. Les Annamites s'étaient avancés, et leurs avant-postes n'étaient plus qu'à une lieue du fort de l'Ouest. Ils occupaient toute la plaine de Mithi, qu'ils avaient parsemée de nombreux ouvrages, et protégeaient ainsi la route de Hué à Kam-lé. Leur général avait sous ses ordres environ deux mille soldats. Il était devenu nécessaire de s'opposer à leurs progrès incessants et une nouvelle expédition fut résolue le 20 décembre. Au point du jour, les embarcations mirent à terre cent quarante marins et soldats devant les ruines du fort de l'Ouest. Ces troupes se formèrent en colonne, et après avoir tourné un petit bois de bambous situé sur le bord du fleuve, débouchèrent dans la plaine de Mithi. En même temps la flottille remontait la rivière, prête à soutenir de ses canons le feu de nos soldats. Ils avaient à peine dépassé les bois, que les Annamites commencèrent l'attaque. Leurs batteries couvrirent de mitraille nos petites colonnes tandis que de nombreux tireurs, à l'abri d'un rempart en terre, firent pleuvoir une grêle de balles.

Nos hommes s'élancèrent an cri de « vive l'Empereur! » pour déloger l'ennemi, lorsque le canon se fit entendre sur la gauche et annonça la présence de nouveaux Annamites. C'était un fort nouvellement construit, celui de Don-haï, dont les boulets sifflaient ainsi sur notre détachement. Au même instant nos éclaireurs signalèrent des éléphants rangés derrière les batteries, et nos soldats purent voir pour la première fois trois de ces énormes animaux, portant sur le dos de larges plateformes couvertes de housses écarlates, et armés de pierriers. Ces éléphants, effrayés par le bruit de l'artillerie, tournèrent le dos et s'enfuirent malgré les efforts de leurs cornacs; deux furent blessés. Nos soldats pénétrèrent dans les batteries la baïonnette en avant : suivant leur tactique habituelle, les ennemis les avaient abandonnées, et l'on n'y trouva que quelques pierriers qui furent encloués.

On se disposait à reprendre le chemin de la rivière et à rejoindre les embarcations, lorsque les tirailleurs se trouvèrent en présence de nouveaux Annamites. Le détachement fatigué par une marche pénible, et par le combat qui venait d'avoir lieu, se trouva aux prises avec 400 soldats de la garde impériale. Sans hésiter, il s'élança contre ces troupes qui s'enfuirent après quelques minutes d'un combat corps à corps. Elles nous laissèrent leurs morts, leurs blessés et deux pierriers. Nos troupes se rembarquèrent et la flottille regagna son mouillage habituel.

Le lendemain, 24 décembre, le fort de Don-haï fut pris d'assaut : les Annamites avaient perdu dans ces deux affaires environ 300 hommes et 16 pièces de

canon, et toutes leurs fortifications si laborieusement
élevées étaient détruites. Ils ne devaient pas tarder à
en construire de nouvelles et à nous donner de nombreuses occasions d'en venir aux mains avec les plus
aguerris de leurs soldats.

Voici comment un jeune Annamite élevé par les missionnaires au séminaire de Poulo-pinaug, et ramené
en Cochinchine par Monseigneur Pellerin — il servait
d'interprète à la flotille dont il suivit toutes les expéditions — nous raconta les deux derniers combats. Les
lettres qu'il nous adressa à Tourane étaient écrites en
latin, mêlé de français ; en voici la traduction, mais
elles sont trop originales pour que je ne les cite pas entièrement.

Pax Christi.

Bonjour docteur,

Quomodo valetis ? Valedistis ne integrè nostra
febri ? Ego optime me habeo, multum manduco, alte
dormio, large bibo.

Ivi heri ad montes marmoreos cum 4 *canots* sub
duce *Jaureguiberry* : parvula fuit pugna inter milites
nostros et milites cochincinnenses ; sed post aliquot
ictus *des fusils* cum clamore valido fugerunt omnes
Cochincinnenses circiter 200 ; uno mandarino occiso
et 6 aut 7 militibus. Milites nostri non plures quam 30.
Bene valete : orabo pro vobis Deum quantum possum,
ut concedat vobis felices dies in hoc seculo, et beatu-
dinem æternam in altero ; ex parte mea suppliciter
peto, ut idem pro me faciatis. Valete.

Sur la rivière de Tourane, le 27 septembre 1858,

Totus vester.

PETRUS QUIEN.

« Bonjour docteur. Comment vous portez-vous ? Êtes-vous guéri de votre fièvre ? Je me porte à merveille, je mange bien, je dors profondément et je bois largement.

Je suis allé hier aux montagnes de marbre, avec 4 canots commandés par M. Jaureguiberry. Il y eut un petit engagement entre nos soldats et les Cochinchinois. Après quelques coups de fusil tous les Cochinchinois au nombre d'environ 200 prirent la fuite, après avoir perdu un mandarin et 6 ou 7 soldats. Nos soldats n'étaient pas plus de 30. Portez-vous bien. Je prierai Dieu autant que je pourrai, qu'il vous donne des jours heureux dans ce monde, et la béatitude éternelle dans l'autre. De mon côté, je vous prie instamment d'en faire autant pour moi, adieu.

Tout à vous,
PETRUS QUIEN.

Domine mi carissime.

Postquam sciveram navim *la Saône* reversam fuisse ex Hong-Kong, valde expectavi diem quo possem exire a flumine vos visitaturus : sed hodie audiens vos illico profecturos adhuc, ne longiore tempore differam dicere vobis *bonjour* en has litteras scribo vobis.

Ergo *bonjour. Comment allez-vous ?* Audivistis forsitan prælia seriose facta nos inter et milites annamitas.

Primum prælium fuit in plano *Mithi* qui est ad partem meridionalem arcis *de l'Ouest.* Nempe die 20° mensis, *Commandant Jaureguiberry* secundum consuetudinem, ad terram descendens cum 146 militibus

3.

invenit illo die saltem 1000 Annamitas intra a batteriam ad prælium dispositos. Nos licet pauci contra illos pugnavimus fere una hora, qua transacta, omnes Annamitæ relicta batteria fugam ceperunt, 50 trucidatis et duobus elephantibus vulneratis, quos propriis oculis vidi : Ex parte nostra dominus D. M. perdidit *son chapeau*, et unus gallus miles (*sergent*) est saucius in crure ictu gladii mandarini, qui immediate occisus fuit ab ipso *sergent;* tandem pro gloria reportavimus 2 tormenta parva.

Die subsequenti secundum prælium fuit, nempe occupatio arcis Don-nai quæ optime erat facta, ubi erant 7 tormenta belli magna, 6 parva, et 300 milites. Nihilominus milites franci arcem illam viderant, jam fuerunt intra et expulerunt omnes Annamitas, qui foras egressi cum tribus elephantibus et aliis militibus fere 2000 resisterunt nobis, sed frustra. Ex eis mortui sunt 135 et 30 vulnerati ; ex nobis dominus D.. vulnus accepit in manu quod nunc sanatum est, præterea unus gallus miles levem ictum lanceæ habuit in dorso. Tormenta parva reportavimus 6, septem magnis clausis, atque cepimus 21 captivos qui detinentur in arce Observatorii. Vere admirabilis fuit possessio hujus arcis, et enormis acclamatio : *Vive l'Empereur*, et Hispani : *Viva la reina;* ego autem stans in medio arcis et nesciens quo modo clamarem, dixi : *vive l'amiral, vive monseigneur, Deo gratias.*

Restant adhuc 10 aut 11 arces quæ delendæ sunt antequam procedatur ad expeditionem *Saïgon*, qua die nemo scit nisi solus *amiral. Le fort de l'est* restauratum est pro militibus nostris. Bene valeo semper, usque num obligatus servitio fluminis, et nescio utrum possim ire ad Saïgon vel non. Peto a vobis ut presentetis meos respectus *commandant* et omnibus ducibus navis. Heri valde desiderabam ascendere nâvim, sed non potui *parce que j'ai été dans la rade pendant une heure seulement*. Spero quod postquam reversi fueritis ex Hong-Kong potero videre vos. Cum fueritis in Hong-Kong, si ascenderitis ad domum procuratorum narrate hæc omnia R. patri *Robert* et fratribus Tonquinensibus illic degentibus. Eos multum saluto, sed litteras occupatus servitio scribere non valeo. Bene valeatis semper, recordamini et credite me esse parvulum vestrum amicum fidelissimum semper.

PETRUS QUIÊN.

« Cher Monsieur, dès que j'ai su l'arrivée de *la Saône*, j'ai attendu avec impatience le moment où je pourrais quitter la rivière pour aller vous voir. Apprenant aujourd'hui que vous devez repartir, je ne veux pas différer plus longtemps le plaisir de vous écrire. Vous avez certainement entendu parler des combats sérieux que nos soldats viennent de livrer aux Annamites. Le premier eut lieu dans la plaine de Mithi, située au sud du fort de l'Ouest. Le 20 du mois dernier, le commandant Jaureguiberry, étant descendu à terre à la tête de 146 soldats et marins, rencontra environ un millier d'Annamites, disposés au combat derrière leurs retranchements. Malgré notre petit nombre, nous les avons combattus pendant plus d'une heure, et ils s'enfuirent en abandonnant leurs batteries. Ils avaient perdu cinquante hommes et on leur avait blessé deux éléphants, je les ai vus. De notre côté, un sergent d'infanterie de marine fut blessé à la cuisse par un mandarin qu'il tua aussitôt. Nous avons rapporté comme trophée deux petits canons.

Le lendemain il y eut un nouveau combat : on s'empara de la citadelle de Don-Hai, qui était très-bien construite et armée de 6 gros canons et de 6 pierriers. Elle était défendue par 300 soldats. A peine les Français l'eurent-ils aperçue, qu'ils en étaient déjà maîtres. La garnison l'avait abandonnée et s'était ralliée à deux mille soldats, soutenus par trois éléphants, qui essayèrent de nous résister. Ce fut en vain : on en tua 135, et ils eurent 30 blessés. Un de nos officiers reçut à la main une légère blessure; il est déjà guéri, et un soldat fut frappé au côté d'un coup de lance. Nous avons rapporté six petits canons, encloué les gros, et fait vingt et un prisonniers qui sont détenus au fort de l'Observatoire. La prise de cette forteresse fut vraiment admirable. A peine le pavillon français flottait-il sur ses remparts que nos soldats criaient avec enthousiasme : « Vive l'Empereur! » Les Espagnols leur répondaient par les acclamations bruyantes de « *Viva la Reina!* » Quant à moi, debout au milieu de la citadelle et ne sachant que dire, je m'écriai : « Vive l'Amiral! Deo gratias! Vive Monseigneur!

« Il reste encore à détruire sur les bords de la rivière ou dans la plaine une douzaine de citadelles, avant que l'on tente une expédition contre Saïgon. L'amiral seul sait quand elle aura lieu. Nos soldats viennent de restaurer le fort de l'Est et de s'y établir.

Quant à moi, je me porte bien et je ne sais jusqu'à quand je resterai sur la flottille, et si j'irai à Saïgon. Je vous prie de présenter nos respects à votre commandant et aux officiers de *la Saône*. J'espère vous voir à votre retour, et vous prie, à votre arrivée à Hong-Kong, de raconter ces événements au R. P. Robert et à tous les Tonkinois qui habitent la procure. Je les salue, mais mon service m'empêche de leur écrire. Portez-vous bien, souvenez-vous de moi et veuillez me croire votre très-fidèle ami,

PETRUS QUIEN. »

Jusqu'à ce moment, le succès avait toujours couronné les efforts des troupes et des marins de la flottille. Le courage qu'ils avaient déployé dans leur nombreux engagements avec les Annamites, la patience dont ils avaient fait preuve méritaient une récompense. L'amiral fit donc paraître l'ordre du jour suivant qui fut accueilli avec la plus vive satisfaction, aussi bien à bord des bâtiments de l'escadre que dans le camp.

«Dans les matinées des 20 et 21 décembre 1858, les marins et les soldats alliés qui arment la flottille stationnant en rivière ont eu, à Mithi et à Don-hai, sous le commandement direct de M. Jaureguiberry, deux brillants engagements avec l'ennemi, dont le second s'est terminé par l'enlèvement à la baïonnette du fort de Don-hai. Dans la première rencontre, 1000 hommes de troupes cochinchinoises ont été culbutés par 150 soldats et marins français et espagnols. Dans la seconde, on a eu affaire à près de 1,500 hommes. Les troupes annamites ont laissé un grand nombre de morts sur le terrain et particulièrement dans le fort de Don-hai. Les sept canons de 12 et de 24 de ce fort ont été encloués, 8 pierriers ont été enlevés, 3 éléphants de guerre ont été abattus.

« En se louant du zèle et de l'ardeur de tous, M. le commandant Jaurrguibeery cite, comme s'étant particulièrement distingué lors de ces deux combats, dans le détachement espagnol : M. le capitaine Esteban Chavarri et le soldat José Lasso. Dans le détachement français : MM. les enseignes de vaisseau de Montpezat et Détroyat, le sous-lieutenant Martin des Pallières, le sergent Laurencin et les soldats Cazala et Debout de l'infanterie de marine ; les matelots Dandré, de *la Némésis*, et Janvier, du *Phlégéton*. M. le chirurgien Leguern, qui a constamment suivi la colonne et pansé les blessés avec dévoûment sous le feu de l'ennemi.

« Le vice-amiral commandant en chef met à l'ordre du jour du corps expéditionnaire et de la division les officiers, soldats et marins cités par M. Jaureguiberry, et, à leur tête, M. Jaureguiberry lui-même, dont l'énergique et habile direction donne à toutes les opérations faites en rivière la plus heureuse impulsion.

Quartier général de Tourane, ce 22 décembre 1858.

« Le vice-amiral commandant en chef,
RIGAUT DE GENOUILLY. »

En dépit de ses défaites successives, l'armée cochinchinoise grossissait. L'empereur Tu-Duc, loin de se décourager, venait d'envoyer le vice-roi de Saïgon prendre le commandement de l'armée de Tourane qui,

de 5,000 hommes qu'elle comptait d'abord, fut portée
à 9,000. Le général, qui avait promis de chasser les
barbares du pays, imprima une nouvelle impulsion
aux travaux de défense déjà entrepris. La rive gauche
de la rivière fut couverte d'un vaste réseau de retranchements et de batteries qui devaient nous empêcher
d'arriver jusqu'à la route de Hué, que les Annamites
avaient le plus grand intérêt à défendre. Remplis de
crainte, les mandarins déployaient la plus grande activité. Ils arrachaient les habitants des villages aux travaux des champs et les envoyaient partager les fatigues de leurs soldats que la disette et les maladies décimaient. Malgré les engagements qui se renouvelaient
tous les jours, des batteries, des chemins couverts
dont les approches étaient hérissées de bambous effilés,
et parsemées de trous de loups habilement dissimulés
furent établis sur toute l'étendue de la plaine. Un
camp retranché où les ennemis avaient élevé un Mirador pour observer les moindres mouvements de
notre flottille fut bientôt construit, et devint le centre
de la défense des Annamites. Ce fut alors que l'amiral
fit réparer le fort de l'Est qu'une compagnie d'infanterie de marine, des chasseurs espagnols et quelques
canonniers marins vinrent occuper. On arriva ainsi
jusqu'au 1er février 1859. M. le commandant Faucon
remplaça alors, sur la flottille, M. Jaureguiberry, qui
reprit le commandement du Primauguet pour le conduire à Saïgon.

La Saône venait de faire un second voyage à Hong-
Kong et à Macao. Les évêques et les missionnaires qui
étaient accourus à Tourane chercher un abri contre

les persécutions soulevées dans tout l'empire contre
les chrétiens, avaient peu à peu abandonné l'escadre
et rejoint, à Hong-Kong, Mgr Pellerin, qui nous avait
depuis longtemps fait ses adieux. Il ne restait plus, au
milieu de nous, qu'un évêque espagnol et quelques
Dominicains qui étaient parvenus à s'échapper du
Tonkin, et qui, mourant de faim et après mille dangers, avaient été assez heureux pour gagner sur une
barque la rade de Tourane : ils prirent passage sur
la Saône qui les conduisit à Macao.

Le 4 février 1859, la plus grande partie du corps expéditionnaire s'embarqua pour Saigon, et il ne resta
plus à Tourane que quelques compagnies d'infanterie
de marine, placées avec *la Dordogne, la Gironde, le
Catinat* et la canonnière *la Mitraille* sous le commandement supérieur de M. le capitaine de vaisseau
Toyon. Les Annamites continuaient toujours leurs
travaux, et leurs lignes s'avançaient jusqu'à 600 mètres du fort de l'Ouest. Leurs batteries balayaient en
plein la rivière et pouvaient faire éprouver de grandes
pertes à notre flottille, dont la position devenait de
plus en plus critique. Voyant que le gros de l'escadre
avait quitté Tourane, ils jugèrent le moment favorable pour une attaque, et le 6 février, deux jours
seulement après le départ des navires qui se rendaient
à Saïgon, ils dirigèrent le feu de toutes leurs batteries
sur la flotille et sur le fort de l'Est. Leur tir devenait
plus sûr, et plusieurs de leurs boulets atteignirent la
lorcha sur laquelle le commandant avait son pavillon,
ou tombèrent dans le fort. Les canonnières et les
équipages des embarcations leur répondirent immé-

diatement, et pendant plus de deux heures, il se fit un bruyant échange de coups de canon. Le commandant supérieur, informé de l'attaque imprévue des Annamites, s'empressa de faire doubler la garnison des avant-postes et d'envoyer à la flottille 200 matelots de renfort. Ils débarquèrent sur la rive droite et se rendirent maîtres, après une lutte sanglante et désespérée, du principal ouvrage des Annamites, connu sous le nom de magasin au riz. Il fallut toute la journée du lendemain pour le détruire.

A partir de ce moment, les Cochinchinois découragés ne tentèrent plus de nouveaux combats, mais ils n'abandonnèrent pas leurs positions et recommencèrent avec une nouvelle ardeur, de gigantesques travaux de défense. Ils essayèrent à plusieurs reprises de surprendre la vigilance de nos soldats. Ils firent le 8 mars une tentative pour s'emparer d'assaut du fort de l'Est, et vinrent pendant la nuit, au nombre de 1,200, jusqu'au pied des remparts. Leur audacieuse tentative fut inutile, et ils ne réussissent qu'à incendier un petit poste, en dehors des fortifications. Ils attaquèrent aussi plusieurs fois *la Fusée*, qui restait au fond de la baie, au N.-O. du fort de l'Est. Ils élevèrent pour cela sur la plage une batterie nouvelle, dont les projectiles bien dirigés atteignirent plusieurs fois la canonnière, qui fut même obligée de revenir chaque soir rejoindre, à l'abri des forts de Tourane, le mouillage du reste de l'escadre.

Il ne se passa pas d'autres faits importants pendant l'absence de l'Amiral, qui revint à Tourane au commencement du mois de mai 1859, après la prise de

Saïgon. Son arrivée fut le signal de nouveaux engagements, et la campagne reprit sous sa direction une
marche toute différente. *La Marne* arrivant de France
venait de rejoindre l'escadre avec un bataillon d'infanterie de marine, et l'on attendait de jour en jour
la Duchayla et *la Didon,* qui amenaient de nouvelles
troupes.

Le temps était bien venu de s'opposer aux progrès
des Annamites toujours menaçants, et l'amiral résolut de détruire d'un seul coup tous leurs travaux et
de les rejeter de l'autre côté de la route de Hué. Cette
nouvelle phase de l'expédition fera l'objet du chapitre
suivant.

OCCUPATION DE TOURANE

SUITE

Du 1er mai 1859 au 23 mars 1860.

Avant d'aller plus loin, il est nécessaire de jeter
un coup d'œil en arrière et de résumer en quelques
mots les débuts de l'occupation de Tourane par les
forces franco-espagnoles. Tout d'abord les populations s'enfuient devant nous et détruisent les villages
qu'elles abandonnent; les soldats se dispersent, et les
premières reconnaissances poussées par la flottille
dans la rivière restent sans résultat. Elles s'avancent
sans obstacle jusqu'aux montagnes de marbre, et nos
soldats visitent les pagodes souterraines et les grottes
renommées consacrées au culte de Boudha. Un peu
plus tard, pendant que nos troupes s'occupent à se
fortifier sur la presqu'île et sur le plateau du nord de
la baie, les soldats annamites se rallient, les renforts
leur arrivent de toutes parts, et malgré la vigilance
des canonnières qui croisent sur la côte et s'emparent
d'un grand nombre de jonques, ils reçoivent des
vivres, de la poudre et des canons, et d'étonnants travaux de fortification s'élèvent devant la route de la
capitale; une période nouvelle se montre alors; les

combats de Mithi et de Don-hai repoussent encore une fois les ennemis, qui se contentent de fuir devant nous, et se mettent aussitôt à reconstruire sur les ruines de leurs anciens retranchements de nouvelles et plus formidables défenses. Leur nombre et la confiance qu'ils ont dans leurs positions les encouragent à devenir agresseurs, et le combat du 8 février vient encore une fois les terrifier et leur montrer l'inutilité de leurs efforts. Repoussés une fois de plus, alors que toutes les chances semblaient pour eux, ils ne perdent pas courage. De nouveaux travaux recommencent; les meilleures troupes accourent de tous les points de l'empire; le général le plus expérimenté du pays en prend le commandement, et son habile direction vient imprimer une nouvelle activité à la campagne. Partout des camps retranchés, des batteries, des chemins couverts s'élèvent dans la plaine, et notre flottille est obligée de garder son poste d'observation à l'embouchure de la rivière. De quelque côté que se tournent les regards on n'aperçoit que des Miradors ennemis qui observent tous nos mouvements. De nouvelles tentatives des Annamites sont sans résultat; l'attaque nocturne du fort de l'Est, leur vain effort contre *la Fusée* tournent encore à leur confusion. Ils persévèrent malgré cela, et il n'est plus douteux pour personne qu'ils vont tenter un nouveau combat, essayer une fois de plus de nous chasser de nos positions et de se rendre maîtres de tout le cours de la rivière.

Le moment était donc venu de déjouer leurs projets, et l'amiral se décida à les attaquer pour anéantir tous leurs travaux.

C'est à cette époque que nous reprendrons notre récit.

Les avant-postes ennemis étaient si près du fort de l'Ouest, que l'on pouvait s'attendre d'un moment à l'autre à les voir s'y établir. Il était donc important de les prévenir, et de se conserver une position qui assurait la tranquillité de nos embarcations. L'amiral envoya quelques sapeurs du génie et des canonniers pour l'occuper et le mettre en état de défense. Ce petit détachement s'y installa sans obstacle, et grâce à l'ardeur des travailleurs et à l'habileté avec laquelle ils furent dirigés, quatre jours après le fort était non-seulement à l'abri de toute attaque, mais pouvait, au besoin, prendre l'offensive. Ce fut alors que les troupes en garnison à Tourane commencèrent à se rendre sur les bords de la rivière. Elles y furent transportées avec armes et bagages, compagnie par compagnie, par les chaloupes de l'escadre, et vinrent camper, en grande partie, derrière le fort de l'Ouest, sur le bord de la mer. Le reste s'établit dans l'enceinte même du fort de l'Est. Ce fut un rude moment pour le corps expéditionnaire. La chaleur était insupportable; le thermomètre marquait à l'ombre de 35 à 40°, et les travailleurs passaient toute la journée exposés au soleil, soit dans les embarcations, soit dans le camp. On eut beaucoup de peine à transporter dans le fort des canons de 36 fournis par les bâtiments et à les mettre en batterie. Enfin tous les ordres avaient été exécutés si rapidement, que le 6 mai douze cents hommes étaient campés sur les bords de la rivière, et que leurs approvisionnements étaient assurés. On s'attendait à chaque instant à en venir aux mains, et les Annamites, surpris de ce déploiement de forces, avaient pris toutes leurs précautions, et redoublé de vigilance. Ce fut à cette époque, 6 mai, que les hostilités, suspendues depuis la fin du mois de février, recommencèrent, et que nos troupes se trouvèrent encore une fois en présence de l'ennemi.

Au point du jour, les soldats cachés au fort de l'Est sortirent de leurs retranchements pour aller détruire une batterie annamite construite depuis peu, et dont les feux, se croisant avec ceux de la rive opposée, pouvaient gêner les mouvements de notre flottille. Une compagnie d'infanterie de marine et deux compagnies de chasseurs espagnols, commandées par le capitaine de vaisseau Faucon, arrivèrent à travers les bois jusqu'au pied de la batterie annamite et s'en emparèrent en un instant. L'attaque avait été si vive et la surprise des ennemis si complète, que l'on trouva dans leurs casemates les ustensiles qui servaient à préparer leurs repas et la plupart des armes qu'ils avaient abandonnées dans leur fuite. Lorsque nos troupes reprirent la route de leur campement, après avoir incendié la batterie et encloué les canons, les ouvrages de la rive droite, qui avaient observé ce coup de main sans chercher à s'y opposer, envoyèrent quelques boulets qui passèrent au-dessus de nos colonnes sans les atteindre. Elles regagnèrent le fort de l'Est sans avoir tiré un coup de fusil et sans avoir perdu un seul homme.

Nous devions assister le lendemain à un engagement beaucoup plus sérieux, car toutes les troupes y prirent une part active, et les Annamites y déployèrent toutes leurs ressources. Vers onze heures du matin, l'amiral ayant envoyé des travailleurs élever un rempart en avant du fort de l'Ouest, les Annamites crurent à une attaque générale et dirigèrent le feu de toutes leurs pièces sur les forts et sur la flottille. La mitraille et les boulets pleuvaient de toutes parts. Les clairons appelèrent immédiatement aux armes, les remparts se couvrirent de monde, et pendant trois heures la canonnade ne se ralentit pas un instant. De guerre lasse, les Annamites cessèrent leur tir après nous avoir blessé quelques hommes et avoir lancé pour la première fois un obus qui vint éclater dans le magasin aux vivres du fort de l'Ouest. Il ne s'y trouvait heureusement personne, et le dommage se borna à la perte de quelques boîtes de conserves et de quelques barriques de vin.

Cette tentative des Annamites, qui avait pu faire juger de leurs moyens de défense, engagea l'amiral à ne pas retarder plus longtemps ses projets, et l'attaque générale des lignes ennemies fut fixée au lendemain. Voici le plan qui avait été arrêté : il est nécessaire, pour le faire mieux comprendre, d'expliquer en quelques mots le système de fortifications à l'abri desquelles les Annamites se tenaient sur la défensive. Leurs lignes s'étendaient sur la rive droite de la rivière, perpendiculairement à son cours. Leurs ouvrages se composaient de remparts en bambous et en sable qui reliaient un grand nombre de batteries. C'est ainsi que leur première ligne, qui se développait sur plus d'une lieue d'étendue, et qui n'était séparée du fort de l'Ouest que par une distance de 400 mètres, comprenait le fort du barrage, battant en plein la rivière, et quatre autres redoutes désignées sous les noms de fort du Poulailler, du Grand-Four et du Petit-Four, et de batterie de quatre pièces. Ces trois dernières étaient directement opposées au fort de l'Ouest. La tête de la seconde ligne était formée sur le bord de la rivière par la batterie des Rosiers : venaient ensuite le magasin au riz, détruit une première fois par nos marins après le combat du 8 février, où les Annamites avaient concentré leurs principaux moyens de défense, la batterie de la Clairière et le Mirador, sorte de camp retranché, quartier général des mandarins. Toutes ces fortifications armées de canons en bronze, d'une quantité de pierriers, et défendues par dix mille hommes choisis parmi les troupes les plus aguerries de l'empire, étaient reliées entre elles par un réseau de chemins couverts et de fossés hérissés de bambous, parsemés de trous de loups qui en rendaient l'approche pour ainsi dire inabordable. Les Annamites s'y croyaient à l'abri de toute attaque, mais ils comptaient sans l'intrépidité de nos troupes.

L'amiral divisa ses forces en trois colonnes. Celle de gauche, commandée par le capitaine de vaisseau Faucon, était forte de 400 hommes. Elle était formée des troupes d'infanterie de marine et des Espagnols campés au fort de l'Est. Elle devait traverser la rivière sur la flottille, augmentée pour cette expédition de toutes les embarcations disponibles de l'escadre, passer sous le feu des batteries du barrage, de la Clairière, débarquer derrière celle-ci, la prendre à revers et

continuer sa marche sur le Mirador, devant lequel elle
devait opérer sa jonction avec la colonne de droite.
Celle-ci, forte de 700 hommes de l'infanterie de marine et des compagnies de débarquement, était placée
sous les ordres du commandant Liscoat, de *la Saône*.
Elle avait l'ordre de débarquer dans la baie même de
Tourane, de s'emparer en passant des batteries qui
formaient l'extrémité de la ligne ennemie, et de rejoindre au Mirador les troupes du commandant Faucon, afin de couper la retraite aux Annamites. Alors
la colonne du centre, forte de 500 hommes, campée au
fort de l'Ouest, et commandée par l'amiral en personne, devait s'emparer des principaux ouvrages de
l'ennemi, du Poulailler et du magasin au riz, et, le
poussant devant elle, se rallier aux deux autres colonnes. Toutes les troupes réunies attaqueraient alors
le camp retranché du Mirador et s'y établiraient. Nous
verrons que ce plan, si admirablement conçu, ne put
être exécuté en entier. Le résultat qu'il devait amener
fut le même, et nos soldats eurent à enregistrer une
nouvelle victoire.

Le 8 mai 1859, à trois heures du matin, après une
nuit presque sans sommeil, passée à prendre les dernières dispositions de l'attaque, le branle-bas de combat fut ordonné. Le réveil se fit en silence, afin de ne
pas inquiéter l'ennemi. On prit le café à la hâte; on
distribua les cartouches, et les différents détachements
prirent la position qui leur avait été assignée d'avance.
A cinq heures, les corvettes à vapeur et les canonnières s'embossèrent près du rivage, et leurs compagnies
de débarquement, que celles des transports avaient

été rejoindre dès la veille, ainsi que l'infanterie de marine, commandée par le lieutenant-colonel Des Pallières, s'embarquèrent dans les chaloupes prêtes à gagner la plage. A six heures ce mouvement était terminé. Tout le monde était à son poste, les canonniers des forts vérifiaient le pointage de leurs pièces, et les troupes de la colonne de gauche, rangées en bataille sur la chaussée qui conduisait du fort à la rivière, et placées derrière un parapet qui dérobait leurs mouvements aux regards de l'ennemi, se tenaient prêtes à monter dans les embarcations. Tous les yeux étaient fixés sur le fort de l'Ouest, où l'amiral avait couché, et d'où devait partir le signal. Enfin à six heures et demie l'ordre de commencer le feu monta lentement au mât de pavillon du fort et fut salué par la décharge immédiate de toute l'artillerie des forts et de la rade, et par les cris mille fois répétés de vive l'Empereur ! *Viva la Reina !* A ce moment le soleil se leva, éclairant nos pavillons, qui déroulèrent, au bruit du canon, leurs couleurs éclatantes.

Les Cochinchinois, surpris et effrayés par cette grêle de projectiles qui les accablait de tous côtés, tardèrent un peu à répondre. Les détonations de l'artillerie se succédaient sans relâche, et les bombes et les obus jetaient le désordre dans leurs rangs. Ils se défendirent cependant avec courage, et leurs pièces, démontées par les boulets, étaient immédiatement remplacées et trouvaient toujours d'intrépides servants. Le combat était engagé sur toute la ligne et continuait sans avantage marqué, lorsqu'une batterie d'artillerie de marine sortit du fort de l'Ouest, et vint, sous une grêle de balles, se ranger en bataille à deux cents mètres des premières lignes annamites qu'elle couvrit bientôt de mitraille. Après trois quarts d'heure d'une canonnade non interrompue, les ennemis cessèrent leur feu, mais se tinrent toujours derrière leurs lignes, attendant l'assaut et paraissant décidés à tenter de s'y opposer. Les troupes placées dans les fossés du fort de l'Ouest, du côté opposé aux batteries, pour éviter jusqu'au dernier moment leurs projectiles, attendaient impatiemment l'ordre de se porter en avant. L'amiral changea alors ses premières dispositions, et, sans attendre que la colonne de droite eût effectué son débarquement, lança ses troupes contre la batterie du barrage et du Poulailler, pendant que le détachement du commandant Faucon traversait la rivière. L'élan de nos troupes fut irrésistible. En dépit d'une résistance désespérée, le pavillon français flotta bientôt sur les deux ouvrages, et la colonne victorieuse continua sa route sur le magasin au riz.

Pour arriver à cette batterie, elle suivait une tranchée assez large, hérissée de mille obstacles, et poursuivait les Annamites l'épée dans les reins. Au moment où elle allait pénétrer dans l'ouvrage, une décharge de quatre pierriers habilement dissimulés la couvrit de mitraille et l'arrêta un instant. Mais nos soldats, encouragés par leur premier succès, se reformèrent rapidement, et un combat terrible s'engagea. La défense fut aussi opiniâtre que l'attaque était impétueuse, et le fossé se remplit de morts et de blessés. Un capitaine espagnol tomba frappé en pleine poitrine par un biscaïen, et ses soldats exaspérés de sa mort

se battirent d'une manière héroïque et le vengèrent
noblement. Enfin un soldat de la dix-neuvième compagnie d'infanterie de marine parvint à franchir la
palissade et tomba au milieu des Annamites. Il fut
bientôt suivi par un grand nombre de ses camarades:
les ennemis luttèrent encore quelques instants avec
tout l'acharnement du désespoir et finirent par prendre la fuite, laissant entre nos mains quatre gros canons, des pierriers, leurs morts et leurs blessés. On
les poursuivit jusqu'à une petite pagode fortifiée située entre le magasin au riz et le Mirador, et nos
tirailleurs échangèrent encore quelques coups de
carabine avec ceux qui étaient cachés dans les bois.
Ils finirent par se disperser, et la colonne put s'établir dans le magasin au riz. Pendant ce temps le
commandant Faucon avait traversé la rivière malgré
le feu de trois batteries qui l'avaient couvert de mitraille, et après s'être emparé de la clairière, rejoignait au magasin au riz les troupes qui venaient d'y
camper. Il ne s'y arrêta pas, et continua vivement sa
marche sur le Mirador dont il s'empara sans coup
férir. Il y fut rejoint par la colonne de droite qui
avait trouvé presque toutes les positions abondonnées
sur son passage.

La bataille était gagnée : l'ennemi complétement
démoralisé fuyait de toutes parts, et nos troupes vic-
torieuses bivouaquaient dans les lignes dont elles s'é-
taient emparées. Ce combat qui fut le plus important
de tous ceux livrés jusqu'alors sur les bords de la
rivière nous coûta 90 hommes tués ou blessés. Plusieurs soldats succombèrent de fatigue ou furent vic-

times de l'ardeur du soleil, et dès la soirée les ambulances étaient encombrées de malades et de blessés.

Presque tous les travaux ennemis furent détruits. La nuit qui suivit se passa sans autre accident qu'une fausse alerte, et l'amiral qui avait campé au milieu des troupes se décida à occuper définitivement les deux côtés de la rivière, et établit son quartier général à la place même où se trouvait autrefois celui des généraux annamites.

Ce fut à ce moment que s'écoulèrent les jours les plus malheureux de la campagne. D'immenses travaux furent entrepris : l'on commença par effacer toutes traces des fortifications si laborieusement élevées par les Cochinchinois, et pendant tout le temps qu'ils y employèrent, nos soldats restèrent campés dans une plaine sablonneuse et aride, couverte de ruines et parsemée de tombeaux. Leur camp d'abord ombragé par de magnifiques allées de cocotiers et des bosquets touffus de bambous et de tamarins fut entièrement déboisé par le génie, et nos soldats n'eurent plus rien pour s'abriter des rayons brûlants du soleil. Les Annamites ne tentèrent plus contre nous de nouvelles surprises : on voyait de temps à autre s'élever au loin dans la plaine quelque observatoire ennemi, mais de tous côtés autour du camp la compagne dévastée, restait plongée dans la solitude.

La flottille avait quitté le mouillage qu'elle avait eu si longtemps à l'entrée de la rivière, mais les canots toujours armés restaient près du rivage devant la tête de notre camp. Chaque jour une embarcation commandée par un officier s'en allait en garde avancée bien au delà des avant-postes, dans le but de prévenir de tous les mouvements des Annamites qui commençaient à se montrer, et d'empêcher leurs communications entre les deux rives du fleuve. Sur ces entrefaites la frégate à voile *la Didon* et la corvette *la Duchayla* amenèrent de nouvelles troupes d'infanterie et d'artillerie de marine, et une compagnie de sapeurs du génie. Ces renforts étaient bien nécessaires; ils comblèrent quelques vides, et dès qu'ils furent débarqués, les constructions reprirent une nouvelle activité. Le fort de l'Ouest fut entièrement réparé, et on y établit à la fois des poudrières, des magasins et des ambulances. Un peu plus tard on éleva un ouvrage à corne à l'endroit dit du *Barrage*, et on le relia au fort de l'Ouest par un chemin couvert. Le camp fut alors fermé de tous côtés, à l'abri de toute attaque. Pendant plus d'un mois qu'il fallut pour achever ces travaux, les soldats n'eurent pour abri que leurs tentes que la chaleur ne leur permettait pas d'habiter. Peu à peu, on put les remplacer par des baraques en bois pareilles à celles que l'on avait déjà construites à Tourane.

Les maladies déterminées par une chaleur excessive, et les travaux incessants qu'accomplissait le corps expéditionnaire, firent alors de nombreuses victimes, et, chaque jour de nouvelles tombes se creusèrent autour du camp. Le choléra, la dysentérie et les fièvres pernicieuses ne nous laissèrent aucun répit, et malgré les convois dirigés sur l'hôpital de Macao, les ambulances restèrent toujours remplies. A ces causes matérielles de maladies que nous venons d'énumérer, nous devons joindre l'inquiétude où nous étions des graves événements qui s'accomplissaient alors en Europe. C'était le moment où l'armée française pénétrait en Italie, et nous étions, on peut bien le dire, tout à fait oubliés. Jetés en enfants perdus au nombre de deux ou trois milles, aux limites de l'extrême Orient, on nous laissait livrés à nos seules ressources, et personne parmi nous ne pouvait prévoir quand l'on songerait à nous secourir ou à nous remplacer. *Le Catinat, le Marceau, la Capricieuse* avaient déjà plus de quatre ans de campagne, et leurs équipages épuisés n'entrevoyaient pas encore le moment où ils recevraient l'ordre de rentrer en France. Nos troupes et nos marins furent admirables d'énergie : leur âme grandissait, pour ainsi dire, avec les dangers de la situation forcée qui leur était faite, et tous restèrent aussi calmes en présence des épidémies meurtrières qu'ils s'étaient montrés intrépides dans les combats.

L'amiral était partout, partageait toutes nos privations et encourageait les soldats de sa présence et de de son exemple. Tous les jours il visitait les postes, se rendait à l'ambulance, et savait trouver pour chaque malade des paroles paternelles et consolantes. Il écoutait avec bienveillance le récit de leurs souffrances, prêtait une oreille attentive aux explications qu'il nous demandait sur leur état, et s'efforçait de leur procurer tout ce qui leur faisait défaut. Ces visites produisaient l'effet le plus salutaire sur la santé des malades et sur le moral des troupes qui en étaient témoin.

Cette situation malheureuse se prolongea jusqu'au mois de septembre, et ce fut pendant cette période que le corps expéditionnaire fit les pertes les plus regrettables. Trois fois en moins d'un mois le canon de *la Némésis* retentit sur la tombe de l'un de nos camarades. L'état sanitaire était le même à bord des bâtiments, et le même à Tourane que dans le camp. Chaque soir un lugubre convoi partait de l'ambulance, et descendant sur le rivage, s'acheminait vers le cimetière. Il s'augmentait pendant sa route des victimes que l'épidémie avait faites à bord des navires dont les pavillons flottaient tristement à mi-mât.

En présence de ces pertes sans cesse renouvelées, on s'appliqua à chercher pour les soldats des distractions qui leur étaient si nécessaires. Quelques officiers de marine entreprirent d'installer un théâtre et firent appel à des sous-officiers et à des hommes de bonne volonté. Tous s'empressèrent de consentir, et ce projet fut aussi vite exécuté qu'il avait été rapidement conçu. On réunit donc tant bien que mal les débris des troupes théâtrales qui avaient existé à bord des bâtiments pendant la traversée, et ceux des acteurs que le feu ou les maladies avaient épargnés se montrèrent pleins de zèle. On répéta avec ardeur pendant que l'on préparait les décors et les costumes et que le génie fournissait les matériaux du théâtre. Les préparatifs furent bientôt terminés, et la première représentation eut lieu vers la fin du mois de juillet. Le camp présentait ce soir-là un aspect joyeux inaccoutumé : les soldats et les matelots de la flottille abandonnaient leurs baraques et leurs canots, et se rendaient en foule près du fort de l'Ouest où le théâtre s'élevait orné de drapeaux français et espagnols, et de transparents à la mode chinoise, dus au crayon habile d'un officier du camp, qui mourut quelques jours après. On y avait aussi ajouté de grands écussons portant le nom de tous les combats qu'avait soutenus la division en Chine et dans l'empire d'Annam. Par un sentiment que l'on trouve toujours au cœur de nos soldats, les noms de Montebello et de Melegnano brillaient au premier rang, et à quatre mille lieues de leur patrie, les soldats et la marine du corps expéditionnaire rendaient hommage aux premières victoires de l'armée d'Italie.

De nombreux officiers venus de tous les points de l'occupation s'assirent aux places qui leur étaient réservées, et la représentation commença au bruit des fanfares de la musique espagnole. Des applaudissements unanimes éclatèrent de toutes parts, et les félicitations chaleureuses qu'ils reçurent récompensèrent les acteurs de leurs efforts. Ce fut certes un spectacle curieux que cette représentation au milieu du camp, et nous doutons que ceux qui en furent les témoins puissent l'oublier jamais. Depuis ce moment la gaîté reparut, et ceux qui s'étaient mis à la tête de cette entreprise durent être heureux des résultats inespérés qu'ils en obtinrent.

Pendant ce temps les Annamites essayèrent d'entrer en négociations avec l'amiral. Ils s'étaient de nouveau réunis et construisaient de nouvelles fortifications. Ils étaient encore plus malheureux que nous dans leur camp, et les maladies qui nous décimaient faisaient encore parmi eux de plus nombreuses victimes. Le blocus de la côte était devenu plus rigoureux, et les vivres et les munitions allaient leur manquer. Ils se décidèrent donc à traiter, et le 18 juin, un Cochinchinois, précédé d'un petit enfant qui portait un drapeau blanc, s'approcha de nos avant-postes et fut conduit au quartier général. L'amiral accepta l'entrevue qu'on lui demandait, et il fut convenu qu'une grande baraque, où auraient lieu les négociations, serait élevée par les Annamites à égale distance de nos avant-postes et de leur camp. Ils se mirent aussitôt à l'œuvre et la terminèrent en quelques jours. Le 23 juin un aide de camp de l'amiral, accompagné d'un interprète et escorté d'une soixantaine de matelots et de soldats choisis parmi les plus forts et les mieux portants, sortit du camp et se rendit au pavillon des conférences, où il fut reçu par les mandarins annamites entourés de serviteurs et de soldats. Les conditions proposées par l'amiral furent acceptées sans contestations par les mandarins, et on convint d'un armistice. Le général annamite demanda seulement qu'on lui accordât du temps pour faire parvenir à l'empereur les bases du traité, et promit de s'en acquitter dans le plus bref délai.

Un instant nous pûmes croire que la paix allait être signée; il n'en fut rien. Le but des Annamites, en demandant une suspension des hostilités, était de distraire leurs soldats des travaux qu'ils exécutaient, pour faire la récolte du riz et des arachides. Pendant déux mois les envoyés des mandarins vinrent jusque dans notre camp, et eurent à bord d'une lorcha différentes entrevues avec les aides de camp de l'amiral. Ils accumulaient prétexte sur prétexte pour excuser la lenteur des négociations, qui n'aboutissaient à rien et il fut bientôt certain pour tout le monde qu'ils ne cherchaient qu'à gagner du temps. Les barques avaient circulé plus librement, et des renforts de toute espèce arrivaient aux ennemis. Au mois de septembre l'armistice durait encore. Enfin l'amiral, lassé des promesses toujours renouvelées des mandarins, leur fit savoir que si le 14 septembre la paix n'était pas signée, les hostilités suivraient leur cours et qu'il les attaquerait le lendemain. Cette décision ramena la joie dans le camp; les troupes furent enchantées de sortir de leur inactivité, et d'en venir aux mains avec un ennemi dont la mauvaise foi était si évidente.

Les Annamites se gardèrent bien de répondre aux menaces de l'amiral, qui marcha contre eux dès le 15 septembre. Toutes les troupes disponibles, les compagnies de débarquement et la flottille prirent part à ce nouveau combat. Pendant tout le temps qu'avaient duré les négociations, les généraux ennemis avaient élevé des fortifications encore plus formidables que toutes celles dont nous les avions déjà chassés. Mais leurs efforts furent inutiles, et ils furent une fois de plus culbutés de toutes les positions qu'ils occupaient et qu'ils défendirent avec intrépidité : on les poursuivit jusqu'aux ruines de Kam-lé et on leur tua beaucoup de monde. Ils perdirent dans cette affaire quatre forts et quarante-cinq pièces de canon. Nos troupes, trop peu nombreuses pour garder les positions ennemies, les incendièrent et reprirent la route du camp. Elles étaient

à peine de retour que les Annamites reprenaient possession des lignes qu'ils occupaient avant l'attaque.
Jamais, jusqu'alors, ils ne s'étaient ralliés aussi vite,
et quelques jours s'étaient à peine écoulés qu'ils avaient
de nouveau refait tous leurs travaux.

Ce fut le dernier combat livré sur les bords de la
rivière. L'amiral retourna établir son quartier général
à Tourane, et fut suivi de la plus grande partie des
troupes. Il confia la garde du fort de l'Ouest et du
camp retranché au commandant Liscoat, de *la Saône*,
qui eut à les défendre contre les attaques réitérées
des Annamites, et en conserva le commandement jusqu'à l'évacuation de Tourane.

On sut alors que l'amiral Rigaut de Genouilly, dont
la santé était altérée par cette pénible campagne, avait
demandé à revenir en France, et que le contre-amiral
Page venait lui succéder dans le commandement du
corps expéditionnaire. *Le Phlégéton* fut envoyé à
Hong-Kong, à la disposition du nouveau commandant
en chef qui arriva à Tourane le 18 octobre. Le 30,
l'amiral Rigault nous fit ses adieux. Il voulut se rendre une dernière fois à bord de *la Némésis*, qui avait
porté son pavillon pendant toute la campagne. Tous
les officiers et une foule de soldats, accourus de tous
les points du camp, l'accompagnèrent jusqu'à la plage
où l'attendait le canot de la frégate. Il s'y embarqua
après avoir serré la main de ses anciens compagnons
d'armes, et le canot s'éloigna aussitôt. A mesure qu'il
passait près des navires au mouillage, les équipages
échelonnés dans les haubans firent retentir la rade de
leurs bruyantes et sympathiques acclamations. Après

sa visite à bord de la frégate, l'amiral se rendit à bord du *Laplace*, où son pavillon fut arboré au bruit du canon, et partit dans la nuit.

L'amiral Page s'installa à bord de *la Némésis*, et laissa d'abord les troupes à leurs travaux. Personne ne songeait à une nouvelle expédition, lorsque, dans la soirée du 13 novembre, on reçut l'ordre de se tenir prêt à attaquer le lendemain de nouvelles positions ennemies. Il s'agissait de s'emparer de deux forts situés au nord et à l'entrée de la rade, et qui dominaient la route de la capitale; ils ne nous avaient jamais inquiété, et leur possession avait paru jusqu'alors de peu d'importance. Les préparatifs furent faits en une nuit, et le 17 au matin toute l'escadre appareilla. C'était la première fois que *la Némésis* abandonnait son mouillage devant Tourane. Elle était remorquée par *le Prégent*. La mer était grosse, le vent violent, et des avaries considérables survenues à la mâture de ce bateau à vapeur signalèrent cette courte traversée. Les embarcations de tous les transports à la remorque de *la Marne* et de l'aviso *le Norsagaray* étaient chargées de troupes, et les mouvements de roulis étaient si considérables que presque tous les soldats étaient malades lorsque l'escadre s'embossa devant les forts. Les canonnières et la frégate ouvrirent leur feu, et les Annamites se hâtèrent d'abandonner leurs retranchements après avoir tiré quelques coups de canon. Un de leurs boulets vint frapper sur la dunette de *la Némésis* un des officiers les plus distingués du corps expéditionnaire, le commandant du génie, Déroulède Dupré. Les troupes jetées à terre s'emparèrent sans coup férir de deux forts, et mirent le feu à une petite batterie en bambous qui défendait le village de Quien-chang. Après avoir laissé quelques hommes dans les forts et dans le village, l'amiral revint à Tourane avec l'escadre, et ne laissa qu'une canonnière pour protéger la garnison.

Quelques jours après cette expédition, l'amiral Page abandonna le commandement de Tourane au capitaine de vaisseau Toyon, partit sur *le Monge* pour Saïgon qu'il ne fît que visiter, et se rendit à Hong-Kong où il resta attendre la frégate *la Renommée*, sur laquelle il devait plus tard arborer son pavillon. Ce fut de cette ville qu'il envoya l'ordre d'abandonner Tourane. Ainsi, tant de sang versé, tant de travaux exécutés avec une si grande peine, et tant de millions dépensés avaient été inutiles. On s'attendait depuis longtemps à ce résultat, et on se mit à l'œuvre. On commença par démolir les avant-postes dont les baraques et les magasins furent démontés pièces à pièces, et dont les batteries furent désarmées. Leurs canons et tous les matériaux de construction furent embarqués sur les transports; on devait plus tard les utiliser à Saïgon. Les Annamites étaient tenus par leurs espions au courant de nos moindres mouvements, et leur audace s'accroissait chaque jour. Ils rôdaient près des avant-postes, et un officier surpris à la chasse fut assassiné à quelques pas de notre camp. Une canonnière fut aussitôt envoyée de l'autre côté de la rade, et incendia le village où ce meurtre avait été commis; mais les coupables ne furent pas retrouvés. Un peu plus tard, ils essayèrent d'enlever un factionnaire, et leur tentative n'eut pour résultat que de faire tuer deux de leurs soldats. Quien-chang fut aussi abandonné, et sa garnison abîmée par la fièvre revint prendre quelque repos sur les plateaux de Tourane. Les habitants du village, craignant la vengeance des mandarins, résolurent de quitter leur pays et demandèrent à être transportés à Saïgon. On y consentit, et on les embarqua sur des lorchas qui partirent en avant et les conduisirent dans ce nouvel établissement. Les troupes laissées à la garde de la rivière étaient toujours sur le qui-vive. Les alertes étaient journalières, le nombre des Annamites grossissait de plus en plus, et l'on pouvait craindre à chaque instant de les voir attaquer nos retranchements. On se hâta donc, et les travaux de l'évacuation marchèrent rapidement. On se contenta de rembarquer, à bord des bâtiments, l'artillerie et les munitions, et les soldats qui occupaient le fort de l'Ouest purent retourner à bord le 21 mars 1860, après avoir incendié leurs baraques et fait sauter les deux forts qu'ils avaient gardé si longtemps. Ils étaient à peine dans les canots que les Annamites occupaient les ruines de leurs ouvrages; le 22 mars, l'ancien quartier-général de Tourane, les ambulances furent évacués. Les troupes, en s'embarquant, avaient mis le feu aux magasins abandonnés et fait sauter toutes les fortifications. Toute la nuit les flammes répandirent leur clarté rougeâtre sur les eaux de la rade. De longs jets de feu, mélangés de tourbillons de fumée, s'élancèrent de toutes parts, et nous pûmes assister, sur le pont de nos navires, à cette scène de destruction.

Enfin, le 23 mars 1860, l'escadre appareilla, abandonnant cette rade de Tourane qu'elle avait occupée
pendant dix-huit mois, et n'y laissant pour trace de
son passage que des ruines fumantes et un vaste cimetière que les Annamites ont respecté.

PRISE DE SAIGON

La prise de Saïgon eut lieu au mois de mars 1859. L'attention de toute l'Europe était alors absorbée par les graves événements qui se préparaient en Italie ; on s'occupait à peine du corps expéditionnaire qui se trouvait en Cochinchine, et malgré son importance, cette lointaine conquête passa inaperçue. La garde en fut d'abord confiée à une poignée d'hommes. Ils luttèrent sans relâche pendant deux ans, et grâce à leur courageux dévoûment, la possession de la ville fut assurée.

Après une suite d'expéditions plus ou moins heureuses et qui paraissent enfin terminées, la province entière a reconnu notre domination.

L'empereur Tu-Duc s'est décidé à envoyer à Saïgon des ambassadeurs, et le traité qu'ils ont signé a reconnu à la France le territoire qu'elle a conquis, et la rend maîtresse d'une des plus riches et des plus fertiles provinces de l'empire d'Annam.

Nous nous proposons de donner quelques détails sur les premiers événements qui se sont passés dans cette partie de la Basse-Cochinchine et d'indiquer les mœurs des populations qui nous sont aujourd'hui soumises.

Le 4 février 1859, une division formée des corvettes à vapeur *le Phlégéton* et *le Primauguet*, des canonnières *l'Alarme*, *l'Avalanche*, *la Dragonne*, de l'aviso à vapeur espagnol *El Cano*, et des transports *la Durance*, *la Meurthe* et *la Saône* appareilla de Tourane sous les ordres du vice-amiral Rigault de Genouilly, n'y laissant que quelques centaines d'hommes et deux ou trois bâtiments. La division se dirigea vers le sud et jeta l'ancre le soir même dans la baie de Camarang; elle abandonna bientôt ce mouillage et reprit de nouveau la mer. Nous naviguions en vue de la côte, et nous pouvions distinguer les montagnes arides qui la dominent, et les vastes plages de sable qui se déroulent sur toute son étendue. La nuit vint encore interrompre notre traversée, et nous laissâmes tomber l'ancre devant un grand village. Une quantité de jonques chargées de sucre et de riz y attendaient des vents favorables pour remonter au nord de l'Empire et au Tonkin. Les embarcations de la *Dragonne* visitèrent trois ou quatre de ces petits bâtiments, et en prirent les capitaines dont l'amiral espérait obtenir quelques renseignements sur la rivière de Saïgon. Nous passâmes là une très-mauvaise nuit, la mer était grosse, le vent violent, et les navires au mouillage roulaient et tanguaient à qui mieux mieux. Aussi ce fut avec joie que nous vîmes, le 7, au lever du soleil, flotter aux mâts du *Phlégéton* le signal d'appareiller et de nous rendre au cap Saint-Jacques, où tous les bâtiments arrivèrent dans la soirée.

Le cap Saint-Jacques forme l'extrémité d'une baie peu profonde, défendue par un fort en pierre et une redoute en palissade dont les feux croisés pouvaient la battre en tous sens. Au fond de la baie, sur le bord de la mer, et au pied des rochers escarpés qui forment le cap, s'élevait un joli village caché au milieu de bois de cocotiers et de bambous. Il nous parut abandonné. Les habitants, effrayés à notre approche, s'étaient enfuis dans les bois, emmenant avec eux leurs troupeaux; quelques-uns s'étaient réfugiés sur leurs barques et avaient gagné les villages situés de l'autre côté du cap.

Toute la nuit, de grands feux de signaux furent allumés au sommet des montagnes. Ils avaient probablement pour but d'annoncer notre arrivée aux défenseurs des forts de l'entrée du fleuve et à la garnison de Saïgon. Ils s'éteignirent au lever du soleil. De notre côté, nous nous étions préparés à l'attaque, et le 8 février, dès le matin, les corvettes à vapeur et les canonnières vinrent s'embosser au fond de la baie et ouvrirent leur feu. On s'aperçut bientôt au silence des forts qu'ils avaient été évacués, et les troupes de débarquement furent rapidement jetées à terre. Quelques minutes après, les pavillons français et espagnol flottaient sur les remparts. On ne trouva qu'un seul canon en mauvais état qui fût encloué, et le feu détruisit bientôt ces misérables fortifications. Un funeste accident signala l'embarquement des troupes, des caisses de poudre oubliées sur le rivage s'enflammèrent et huit soldats furent atteints par l'explosion.

Tous furent grièvement brûlés et quelques-uns succombèrent.

Il fallut alors songer à pénétrer dans le fleuve dont on apercevait l'embouchure à six milles environ du cap Saint-Jacques. Nous n'avions que des données imparfaites et même contradictoires sur la navigabilité de ce fleuve, qu'il fallait remonter pendant vingt lieues pour arriver jusqu'à Saïgon. On le disait bien défendu, et les pilotes cochinchinois qu'on avait pu se procurer prétendaient qu'il y avait, à une dizaine de lieues de l'embouchure, un banc de corail que nos bâtiments, tout au moins les corvettes et les transports ne pourraient franchir. D'un autre côté, les cartes marines dressées par les ingénieurs français en 1791, n'indiquaient ce banc que comme un point imperceptible et nous laissaient l'espoir d'arriver jusqu'à Saïgon. En attendant, on s'occupait activement d'alléger les corvettes, et nous avions à bord des transports la perspective peu agréable de nous arrêter à moitié route, tandis que les autres navires remonteraient jusqu'à la ville. Heureusement nos craintes étaient vaines, et, comme nous le verrons, le banc fut heureusement franchi par toute la division. Mais n'anticipons pas sur les événements.

Une reconnaissance fut décidée, et, le 9 au matin, les commandants de tous les navires s'embarquèrent sur *la Dragonne,* qui s'avança jusqu'à six lieues au delà de l'embouchure de la rivière. On reconnut sur la rive droite, et tout à fait à son entrée, un fort en pierre, construit à l'européenne, et qui envoya à la canonnière quelques boulets inoffensifs. *La Dragonne* passa sans répondre. Un autre petit fortin, situé sur le versant de la montagne qui forme le cap Saint-Jacques, tira aussi quelques coups de canon qui ne furent pas plus heureux. La canonnière revint dans la soirée, et l'amiral résolut que dès le lendemain la division forcerait l'entrée du fleuve, et irait mouiller au point extrême que les capitaines avaient reconnu.

On prit pendant la nuit toutes les dispositions nécessaires, et le 10, à huit heures du matin, après avoir allumé les feux et fait partout branle-bas de combat, les bâtiments, appareillant successivement, se formèrent sur une seule ligne dans l'ordre suivant : *l'Avalanche, la Dragonne, le Phlégéton, le Primauguet, l'Alarme* et les transports.

Le petit fort du cap Saint-Jacques laissa prudemment passer les canonnières et les corvettes, et ne se décida à se servir de ses canons qu'au moment où *la Saône* passa devant lui. Les boulets n'arrivaient qu'à demi-distance, et nous ne lui fîmes pas l'honneur de lui riposter. Les vieux soldats de Crimée que nous avions à bord lui donnèrent le surnom de *Gringalet.* La division s'avançait lentement ; après avoir traversé quelques pêcheries, les premiers navires arrivèrent à portée du fort de la rive droite qui défendait la rivière, et le signal de commencer le feu fut aperçu à bord de l'*Amiral.* Au même moment, une explosion épouvantable se fit entendre. Le fort venait de sauter. Le premier obus lancé par le *Phlégéton* était venu éclater sur une poudrière et en avait fait un monceau de ruines. Dès lors la route était libre, et après avoir vu en passant le beau village de Cangio et les pagodes

élevées sur le bord du fleuve, nous continuâmes notre
route pour aller jeter l'ancre, le soir, au point qui
nous avait été indiqué.

La nuit se passa tranquillement et dès le lendemain
les bâtiments appareillèrent. Les canonnières détrui-
sirent successivement plusieurs batteries élevées à la
hâte au milieu des palétuviers, et pour la plupart construites en bambous. On ne put faire de prisonniers
et on ne trouva pas de blessés dans ces fortifications,
bien que nos projectiles y eussent fait de grands ravages. Les Cochinchinois emportaient en fuyant leurs
morts et leurs blessés, et on ne pouvait songer à les
poursuivre au milieu des bois et des terrains inondés
où ils cherchaient un abri. Nous eûmes dans ces combats successifs le plus grand bonheur. On se battit
presque toujours à courte distance, et les boulets ennemis ne nous occasionnèrent aucune perte, ils ne
firent que de légères avaries à *l'Avalanche* et *la Dragonne* qui furent constamment engagées. Pendant que
les canonnières attaquaient les batteries, des canots
armés en guerre détruisaient, sans trop de difficulté,
deux ou trois estacades en bambous que les Annamites avaient essayé d'établir sur la rivière et qu'ils
n'avaient même pas eu le temps d'achever. Tous les
forts tombés en notre pouvoir furent incendiés, et
leurs canons encloués. On se borna à rapporter à bord
quelques beaux pierriers.

Le 12 février, la division se trouva à l'endroit où les
pilotes avaient indiqué le banc de corail. Il fut franchi
sans obstacle, et nous eûmes la certitude d'arriver
jusqu'à Saïgon. Nous en étions d'autant plus satisfaits

que le pays que nous traversions avait tout à fait changé d'aspect. Des plaines magnifiques sillonnées de canaux et couvertes de riches moissons, de vastes prairies où paissaient de nombreux troupeaux de buffles, de grands villages ombragés de cocotiers, d'arekiers et de bambous, succédaient aux mangliers rabougris qui occupent l'entrée du fleuve. A mesure que nous avancions, il se rétrécissait à ce point, que les vergues des bâtiments touchaient les branches des arbres, et que nous pouvions voir dans toute la campagne un grand nombre de Cochinchinois qui venaient assister à notre passage, curieusement mais paisiblement.

Le 16, au soir, les canonnières et les corvettes arrivèrent devant la ville. Les transports et deux bâtiments de commerce chargés de charbon, de vivres et de matériel étaient restés en arrière. Deux grands forts situés de chaque côté de la rivière furent immédiatement attaqués. La canonnade s'engagea à une demi-portée de fusil et fut très-vive de part et d'autre. C'était la première fois que les Cochinchinois nous résistaient sérieusement. Le fort de la rive gauche cessa très-rapidement son feu, mais celui de la rive droite, beaucoup plus considérable et mieux armé, tint cependant plus d'une heure ; ses défenseurs se décidèrent enfin à prendre la fuite, emmenant avec eux la plupart de leurs blessés. L'amiral fit aussitôt débarquer quelques troupes qui en prirent possession, et la garde en fut confiée à deux compagnies de chasseurs espagnols.

Quelques jours avant notre arrivée devant Saïgon, un missionnaire français était venu nous rejoindre.

C'était Mgr Lefèvre, *évêque in partibus d'Isauropolis*, et préfet apostolique de la Cochinchine méridionale qu'il habitait depuis vingt-deux ans. En 1845, il avait été arrêté par les mandarins. et jeté en prison, et sa délivrance avait nécessité plusieurs négociations. L'empereur Tieu-tri qui avait refusé de le rendre à un commodore américain, avait fini par accorder sa liberté au commandant de la corvette *l'Alcmène* envoyée tout exprès à Tourane. Une fois libre, Mgr Lefèvre était retourné dans sa province et n'avait plus eu de communication avec les Européens. Ayant appris notre approche, et redoutant la colère des Annamites, il avait abandonné sa maison, et accompagné d'un prêtre indigène et d'un de ses élèves, était venu à la rencontre de l'escadre. Après avoir traversé les rizières et les bois où se trouvaient de nombreux soldats épiant notre passage, il eut le bonheur de se procurer une barque sur laquelle il vint aborder *la Durance*. Son arrivée parut d'un bon augure ; on pensait qu'il pourrait donner des renseignements sur l'état de Saïgon, sur la force de la garnison qui s'y trouvait renfermée et que nous devions combattre, et sur les ressources dont les mandarins pouvaient disposer. Nous ignorions en effet tout cela, et l'on ne savait même pas s'il y avait à Saïgon une citadelle. On prétendait en effet que huit ans auparavant, Saïgon avait subi un très-long siége pendant la guerre de l'empereur Tu-Duc, contre les Cambodgiens, et qu'après la paix, les fortifications élevées autrefois sur les plans des ingénieurs français envoyés à la cour d'Annam, sous le règne de Louis XVI avaient été rasées. Quelques missionnaires affirmaient que de nouvelles défenses avaient été élevées, et qu'elles étaient d'une grande importance, et au milieu de ces opinions contradictoires on ne savait à quoi s'en tenir. On fut donc enchanté de voir parmi nous un missionnaire habitant le pays depuis si longtemps et que l'on devait croire bien informé. Malheureusement ces espérances n'étaient pas fondées. Monseigneur se hâta de nous apprendre que les chrétiens de la Basse-Cochinchine étaient persécutés plus que jamais, et que quelques-jours seulement avant notre arrivée, les mandarins avaient envoyé au supplice un prêtre indigène et de nombreux néophytes. Il dit qu'il y avait peut-être bien des fortifications, mais qu'il n'en était pas sûr, car il ne s'aventurait jamais à Saïgon que pendant la nuit, et toujours en prenant les plus grandes précautions.

Nous avons su à quoi nous en tenir le lendemain : il y avait à Saïgon une magnifique citadelle qui en faisait la seconde place de guerre de toute la Cochinchine ; elle était admirablement approvisionnée, armée de nombreux canons, et pourvue d'une garnison très-suffisante. Nous sommes resté convaincu que Mgr Lefèvre ne pouvait ignorer tous ces détails. La persécution contre les chrétiens n'était pas poussée aussi loin qu'il l'avait donné à entendre, et, s'il en fallait une preuve, nous pourrions dire que Monseigneur possédait, à deux pas de la ville, une très-jolie habitation, entourée d'une école de petits enfants chrétiens et d'un couvent de religieuses annamites. Il est bien évident que les mandarins de la province savaient très-bien à quoi s'en tenir sur tous ces points, et s'ils avaient été animés d'intentions aussi malveillantes que celles qu'on leur attribuait, ils n'auraient eu qu'un pas à faire pour saisir d'un seul coup Monseigneur et son entourage. Il est certain cependant que les mandarins de Saïgon, aussi bien que tous les autres gouverneurs des provinces de l'empire d'Annam, recevaient de la cour de Hué des ordres très-sévères contre les chrétiens et surtout contre les missionnaires; mais ils se laissaient facilement gagner par des présents, et pour satisfaire à la fois leur devoir et leur cupidité, ils avaient soin de faire prévenir à l'avance les missionnaires qu'ils allaient ordonner des recherches. Les missionnaires bien avertis se cachaient; des soldats arrivaient en grand nombre, et naturellement ne trouvaient personne. Il ne restait plus alors aux mandarins que la ressource de punir le dénonciateur dont les rapports avaient occasionné une expédition inutile. Tout en rendant hommage à la piété de Mgr Lefèvre, nous ne pouvons nous empêcher de penser qu'il était contrarié de voir les Européens arriver jusqu'à Saïgon. Il jouissait dans la province d'une tranquillité à peu près parfaite, régnait en maître sur un grand nombre d'Annamites que son zèle avait converti au catholicisme, et il pensait que notre présence ne pouvait manquer de rendre plus difficile que par le passé la position des chrétiens de la province que nous ne pouvions songer à défendre. Quoi qu'il en soit de cette appréciation, Mgr Lefèvre resta avec nous, et attendit sur *la Durance* le résultat de l'expédition.

Le 17 février au matin, les navires désignés pour attaquer Saïgon appareillèrent et allèrent s'embosser à l'extrémité nord de la ville, devant la place présumée de la citadelle. Des matelots placés dans les mâtures des bâtiments purent apercevoir, au-dessus des cocotiers qui les cachaient en partie, les remparts élevés de la ville de guerre, et le combat commença. Le tir fut des plus heureux, et nos obus firent de grands ravages dans les murailles et les différentes constructions élevées dans leur enceinte. Après une heure de canonnade, les Annamites ne répondirent plus que faiblement. L'aviso à vapeur *le Prégent* qui nous avait rejoint la veille, et une grande jonque chinoise qui s'était également tenue hors de portée, reçurent l'ordre de s'avancer. Ces deux bâtiments chargés de troupes armées à la légère et munies d'échelles s'approchèrent d'un débarcadère situé en face de la citadelle, et les troupes furent mises à terre. Appuyées par quelques artilleurs avec leurs pièces de campagne, elles se partagèrent en deux colonnes. La première se forma dans une rue perpendiculaire à la rivière, et déboucha bientôt sur une place en face de la porte principale de la citadelle. La deuxième prit à droite pour donner l'assaut sur un autre point. La porte de la citadelle était intacte, les Cochinchinois l'avaient consolidée et murée, et nos projectiles n'avaient pu y faire une brèche praticable. Le fossé qui entourait les remparts était plein de cendres encore chaudes. Les mandarins l'avaient fait remplir de paille, et se proposaient d'y mettre le feu au moment de l'attaque, soit pour couper la retraite à leurs soldats et les obliger ainsi à une défense désespérée, soit pour empêcher nos troupes de débarquement d'arriver au pied des murailles. Un des obus que nous avions lancés la veille, pendant l'attaque des forts du sud de la ville, était tombé dans le fossé où son explosion avait enflammé la paille et déjoué ainsi les projets des mandarins. Après une courte fusillade, quelques hommes traversèrent le pont qui défendait la porte, et plantèrent leurs échelles. Le sergent Martin des Pallières, qui devait plus tard trouver une mort glorieuse devant les batteries de Qui-loa, eut l'honneur d'arriver le premier sur les remparts. Les Cochinchinois tinrent bon jusqu'au dernier moment, et plusieurs se firent tuer à leurs pièces. Mais dès que nos soldats furent entrés dans la citadelle, ils s'enfuirent au plus vite et gagnèrent la campagne par une porte qu'ils avaient laissée ouverte. Quelques-uns, se voyant cernés de toutes parts, et désespérant d'arriver jusqu'à cette issue déjà occupée par nos soldats, préférèrent sauter par-dessus les murailles et se tuèrent en tombant dans les fossés. Malgré la rapidité de la fuite des défenseurs de la citadelle, on n'y trouva que très-peu de blessés et de morts, ils purent en emporter le plus grand nombre et on ne fit que quelques prisonniers. Enfin, à dix heures du matin, le pavillon français fut aperçu sur les remparts, et l'amiral descendit aussitôt occuper la ville.

On crut pendant quelques instants que nos troupes venaient de s'emparer de la citadelle, construite à la fin du siècle dernier par des ingénieurs français; il n'en était rien; les ruines des fortifications élevées sous leur direction furent découvertes quelques jours

après, et la citadelle que nous venions de prendre était
d'origine beaucoup plus récente. Entourée de fossés
larges et profonds, elle formait un parallélogramme
dont les plus grands côtés offraient un développement
d'environ 500 mètres. Chacun des angles était défendu par un bastion, et le milieu de chaque cour-
tine était percé d'une porte s'ouvrant sur un pont de
pierre.

Nous étions loin de supposer l'existence de richesses pareilles à celles que l'on trouva à Saïgon.
5 ou 6,000 fusils de fabrique française, une centaine
de pièces de canon en bronze, de tous calibres,
60,000 livres de poudre, des balles et du plomb en
quantité, des armes de toutes sortes, de la toile à
voile, du coton, du cuivre à doublage, 500,000 francs
de petite monnaie du pays, 50,000 tonneaux de riz, et
les archives de la province, furent le fruit de cette expédition qui ne nous coûta pas un seul homme.

Cette perte jointe à celle de la citadelle était immense pour les ennemis. Presque tous les magasins
du fort avaient été endommagés par nos boulets. Un
obus ayant pénétré dans une prison, où étaient ren-
fermés quelques chrétiens et des malfaiteurs, les
avait affreusement mutilés. Instruits des terribles ef-
fets de nos projectiles creux par les explosions des
poudrières des forts que nous avions attaqués jusque
là, les Cochinchinois avaient disséminé leur poudre
dans des trous blindés, creusés autour des remparts;
et ce ne fut que peu à peu et après des recherches mi-
nutieuses que l'on finit par la trouver entièrement.
Malgré l'imprudence des soldats tagals, qui fumaient

partout leur cigarette, il n'y eut aucune explosion à déplorer. On trouva aussi dans les casernes des uniformes de soldats, composés de longues robes rouges, bordées de bleu, et de chapeaux coniques en bambou, teint des mêmes couleurs. On prit également de nombreux palanquins, d'immenses parasols de mandarins, des lances, des sabres, de grands boucliers ronds et une quantité de gibernes. Les Annamites avaient eu le temps de faire sortir les éléphants de la citadelle. Les logements particuliers des mandarins des finances, de la justice, de la guerre et le palais du vice-roi avaient été dépouillés de leurs meubles. Les mandarins avaient fait enfouir les objets précieux qu'ils n'avaient pu emporter, et les soldats tagals, connaissant mieux que les nôtres les habitudes du pays, découvrirent ces cachettes où ils trouvèrent des lingots d'argent de la valeur de 14 à 16 piastres mexicaines, des étoffes précieuses et des dents d'éléphant. On saisit aussi dans les jardins des paons, des cerfs et des chevreuils.

Aussitôt que les troupes et les compagnies de débarquement furent établies dans la citadelle, on poussa des reconnaissances dans tous les environs, mais on ne trouva plus de soldats. Les fuyards avaient traversé à la hâte un des bras du fleuve, brûlant les ponts derrière eux, et préludant ainsi aux terribles incendies que nous devions voir se renouveler si souvent.

Pendant ce temps, *l'Alarme* s'emparait d'une corvette de guerre au mouillage dans un des bras du fleuve; c'était la seule qui fût à Saïgon, mais les An-

namites en possèdent plusieurs autres dont ils s'enor-
gueillissent, et qui sont l'œuvre de constructeurs du
pays. Ce bâtiment présentait dans sa construction un
singulier mélange des formes chinoises et européennes.
La coque se rapprochait plus de celle de nos navires
que de celle des jonques, toutefois l'avant et l'arrière
s'élevaient d'une façon démesurée. Les sabords irré-
gulièrement percés, étaient beaucoup trop grands
pour les canons qui les garnissaient. La corvette ne
présentait que trois bas mâts formés d'une seule
pièce de bois mal équarrie, et privés de leurs agrès.
A l'avant et un peu au-dessus de la flottaison on
avait dessiné deux grands yeux, chargés au dire des
matelots annamites de veiller aux écueils de la route.
Les bossoirs étaient munis de deux énormes ancres
en bois de fer. Sous la dunette se voyait un petit autel, devant lequel le commandant faisait brûler
des bougies de cire rouge et des bâtons de parfums,
pour se rendre les dieux favorables, avant d'entreprendre ses voyages. De chaque côté s'ouvraient les
chambres des officiers, si l'on peut donner ce nom aux
cabanes obscures où ils avaient à peine assez d'espace
pour se coucher. Il y avait aussi sur l'avant, une galerie servant de banc de quart à l'officier de service,
et un nouvel autel destiné aux matelots. Cette prise
nous étant tout à fait inutile, *le Prégent* la remorqua
jusqu'au delà du cap Saint-Jacques, et l'incendia en
pleine mer.

Le 18, l'amiral réunit un conseil de guerre. Il y fut
décidé qu'on ne garderait pas cette immense citadelle. On ne pouvait laisser à Saïgon, ni assez de

troupes, ni assez d'artillerie pour la défendre au besoin, et l'on convint qu'après en avoir tiré tout ce qui pourrait servir à la division, on la ferait sauter. Le génie reçut en même temps l'ordre de remettre en état le fort de la rive droite, qui devait servir de défense au corps d'occupation qui garderait la rivière. Tous ces travaux furent poussés activement.

Au moment où nous en prîmes possession, Saïgon était une ville de cent mille âmes. Elle s'étendait entre la citadelle et le fleuve sur une étendue de 3 kilomètres environ, et était limitée au sud et au nord par deux de ses affluents. Sur la rive gauche, en face de la ville, il n'y avait que quelques habitations isolées, et un grand village entouré de bois de cocotiers et d'arekiers. Les deux affluents étaient occupés, celui du sud par la colonie chinoise, et celui du nord par l'arsenal, les magasins et les chantiers de construction de la marine. Ces deux points étaient gardés par deux canonnières qui devaient interrompre les communications. Les plus belles maisons bordaient la rue qui conduisait du débarcadère à la citadelle. Presque toutes situées au milieu de jolis jardins, où les rosiers, les grenadiers, les jasmins se trouvaient en profusion, elles étaient pour ainsi dire enfouies sous les fleurs. Elles étaient bâties en briques ou en bois et recouvertes en tuiles. Les appartements étaient grands, élevés et séparés par des cloisons sculptées avec beaucoup d'art. L'air pouvait y circuler partout, et on n'y souffrait pas trop de la chaleur. Des mâts de pavillons indiquaient les maisons des notables. Les habitations des gens moins riches ombra-

gées de palmiers et de bananiers, étaient construites
en bambou et recouvertes en paille. Plusieurs de ces
cabanes s'élevaient sur le bord du fleuve et s'avançaient même au-dessus. L'eau venait à chaque marée
baigner le plancher, et laissait ensuite à découvert
des vases infectes, dont l'influence délétère se tradui-
sait chez les malheureux habitants par des fièvres intermittentes très-rebelles. Ces cabanes étaient privées
de jardins, mais dans presque toutes on trouvait des
vases remplis de fleurs, que les Annamites cultivaient
avec passion. Enfin, une grande partie de la population habitait des barques recouvertes de toitures mobiles en bambou, que l'on voyait surtout en grand
nombre dans les environs du quartier chinois. Les
seuls édifices publics que possédât la ville, étaient le
yamoun des ambassadeurs, vaste construction irrégulière élevée devant l'entrée principale de la citadelle; quelques pagodes, dont la principale s'élevait au
centre du quartier chinois, et le camp des lettrés, immense enceinte fortifiée, construite un peu au delà de
la ville.

A la nouvelle de notre approche, la plupart des habitants avaient abandonné leurs maisons, et s'étaient
enfuis dans les villes voisines, emportant avec eux
leur argent, et leurs objets les plus précieux. Les émigrations continuèrent après notre arrivée. Pendant
toute la journée du 17, ce fut un va et vient inces-
sant de barques de toutes formes et de toutes dimensions. Elles étaient pleines de femmes et d'enfants, et
on les laissa tranquillement passer devant la division.
Aussitôt après la prise de la citadelle, l'amiral avait

fait afficher dans toute la ville des proclamations par lesquelles on prévenait les Cochinchinois, restés dans leurs maisons, qu'on respecterait leurs personnes et leurs biens. On les engageait en même temps à fournir des vivres qui leur seraient bien payés; et dans ce but on établit un marché qui finit par être très-bien approvisionné, et qui rendit à l'escadre et aux troupes de grands services.

Les transports et les bâtiments de commerce s'étaient rapprochés des canonnières et des corvettes, et toute la division se trouvait au mouillage devant la ville. Les Cochinchinois continuaient toujours à l'abandonner et tout le monde était sans défiance lorsque le 18, au coucher du soleil, un immense incendie se déclara en face de nous, et tout le quartier de la ville compris entre la citadelle et la rivière, devint la proie des flammes. Nos navires se trouvaient si près du rivage, que nous étions très-incommodés par la chaleur, et que l'on fut obligé de prendre à bord des bâtiments toutes les dispositions nécessaires pour s'opposer à l'incendie qui les menaçait à chaque instant. Heureusement, le peu de brise qu'il faisait, envoyait les étincelles du côté de la citadelle. C'était vraiment un magnifique spectacle que cette ville entière embrasée. Les maisons s'abîmaient en quelques minutes, ensevelissant sous leurs débris une quantité d'animaux domestiques et de chiens, dont les hurlements se mêlaient au sinistre pétillement de la flamme. On apercevait par intervalle quelques Cochinchinois surpris qui cherchaient à s'enfuir, et à se dérober aux balles des nombreux détachements qu'on s'était hâté d'envoyer autour des terrains enflammés. En dépit des mesures les plus rigoureuses, les incendies se renouvelèrent pendant quatre jours consécutifs. Le premier soir, on avait arrêté quelques Cochinchinois les torches à la main, et on les avait fusillés en présence d'un très-grand nombre d'habitants. On fit en même temps savoir à la population effrayée que nos factionnaires avaient ordre de tirer sur toutes les personnes qu'ils surprendraient au milieu des terrains incendiés. Le premier jour surtout, l'incendie fut vraiment effrayant. On n'avait pas encore eu le temps de rassembler les poudres éparses dans les forts, et les étincelles que le vent y chassait pouvaient y mettre le feu, et ensevelir sous les débris fumants de sa conquête, tout le corps d'occupation.

A qui devions-nous attribuer ces sinistres événements? Furent-ils le résultat des ordres donnés par les mandarins, qui espéraient ainsi nous couper les vivres, ou nous rendre odieux aux habitants en nous les attribuant? Ou bien fallait-il penser qu'ils étaient l'œuvre de quelques malfaiteurs toujours disposés au pillage, et cherchant dans ce désastre public quelques parcelles des richesses des habitants en fuite? Il n'était guère facile de le savoir. Ce que nous pouvons seulement constater, c'est que la ville fut incendiée quartier par quartier, et que nous vîmes chaque jour les habitants des maisons qui devaient brûler le soir, les abandonner et emporter avec eux leurs meubles et les images de leurs dieux. On peut donc croire qu'ils étaient bien prévenus. Les mesures des incendiaires étaient parfaitement combinées. Le feu s'allumait à la fois sur plusieurs points, et, grâce aux matériaux inflammables qu'il devait détruire, il s'étendait avec une rapidité qui ne laissait aucune chance de s'en rendre maître. Les rondes de nuit par terre et par mer se multipliaient sans les empêcher, et l'on entendait à chaque instant le sifflement des balles et les qui-vive des sentinelles se mêler à l'horrible craquement des toits qui s'effondraient, recouvrant parfois sous leurs décombres brûlants, les incendiaires et les pillards. Il ne resta bientôt debout que le quartier chinois.

Quelques jours après la prise de la ville, l'amiral donna l'ordre d'armer une flottille d'embarcations et de faire une reconnaissance dans le haut de la rivière. Les espions prétendaient que les mandarins avaient fait préparer des brûlots, et qu'il y avait à quelques milles au delà de Saïgon un assez grand nombre de jonques annamites chargées de riz. Les canots ne rencontrèrent pas de brûlots, mais ils ramenèrent toutes les barques. On les fit mouiller devant l'escadre, et leur chargement qui se composait de sucre et de riz passa immédiatement à bord des navires *le Canrobert* et *le Port de Bordeaux*. On rendit ensuite les barques déchargées à leurs propriétaires et on renvoya les équipages. Il faut avouer qu'ils s'étaient bien gardés de se défendre et qu'ils s'étaient prêtés de bonne grâce au déchargement de leurs bateaux.

Pendant ce temps Mgr Lefèvre avait élu domicile à bord de *la Saône*. Les chrétiens y accouraient de tout le pays lui apportant des présents. Les uns offraient les plus beaux fruits de leurs villages, les autres traînaient après eux des cochons énormes et de superbes volailles. Nous nous trouvions dans l'abondance, et l'équipage se souvint longtemps de la bonne chère qu'il fit à cette époque. En montant à bord, les Annamites se prosternaient aux pieds de Monseigneur qui leur donnait sa bénédiction. Les petits enfants embrassaient son anneau pastoral, puis grands et petits visitaient le navire dans toutes ses parties, et s'en retournaient enchantés, surtout quand les matelots leur avaient donné quelques galettes de biscuit.

Les habitants de la Basse-Cochinchine, dont Saïgon était la principale ville, sont petits : ils ont le teint cuivré, et se placent, sous ce rapport, entre les Malais et les Chinois. Ils laissent croître tous leurs cheveux qui sont très-noirs et qu'ils graissent avec de l'huile de coco. Ils les roulent sur le sommet de la tête, ou les maintiennent dans un turban de soie. Leurs yeux sont petits, ils ont le nez épaté, les lèvres grosses, et les dents noircies par l'usage immodéré du bétel. Ils n'ont presque pas de barbe, les hommes d'un certain âge portent cependant des moustaches et une mouche. Ils laissent croître leurs ongles, et leur dimension démesurée est pour eux un signe de distinction, car elle est la preuve d'une vie oisive.

Le costume, qui est à peu de chose près le même pour les deux sexes, n'a rien de remarquable. Il se compose d'un turban de soie ou de coton, ou d'un petit chapeau conique en feuille de palmier; d'une robe de soie tombant jusqu'aux genoux, ouverte

6

sur le côté, et de larges pantalons qui descendent jusqu'à la cheville et sont retenus par une ceinture où ils mettent leur tabac et leur boîte à bétel. Ils vont presque toujours pieds nus, et ne sortent jamais sans se munir d'un éventail et d'un parasol. Les femmes portent des boucles d'oreilles, des colliers et des bracelets en verroteries, et plus heureuses que les chinoises elles n'ont pas les pieds mutilés. Elles ont aussi la détestable habitude de mâcher le bétel et perdent leurs dents de bonne heure. Plusieurs portent des marques de petite vérole. Les essais de vaccination, entrepris différentes fois par les missionnaires, n'avaient pas été heureux, et chaque année la variole faisait dans le pays de nombreuses victimes. De nouvelles tentatives faites dernièrement par les chirurgiens de la marine ont mieux réussi. Les Annamites ont compris les avantages de la découverte de Jenner, et un grand nombre d'enfants ont été vaccinés à Saïgon et dans les autres villes de la province.

Nous avons pu nous convaincre que l'instruction est beaucoup plus répandue parmi la classe inférieure que dans les pays les plus avancés de l'Europe. Nous avons trouvé des livres dans les maisons les plus pauvres et il n'est pas d'Annamite qui n'ait suivi l'école. Les livres les plus communs sont des ouvrages de religion et de médecine. La plupart des places du gouvernement s'obtiennent au concours, et l'on trouva dans les archives de la citadelle plusieurs plans de fortifications de la rivière, tracés à la manière européenne, qui étaient l'ouvrage d'élèves ingénieurs. Il

faut avouer cependant que le concours n'existe que
pour la forme, et que la faveur joue le plus grand
rôle dans les examens.

Les habitants de Saïgon sont de mœurs douces et
enclins à la paresse. Ils supportaient sans murmures
le joug pesant de leurs mandarins et n'opposaient à
leurs exactions qu'une patiente résignation. Ils sont
d'une grande sobriété et le riz forme la base de leur
alimentation. Ils boivent du sam-chou ou eau-de-vie
de riz, et du thé que les jonques leur apportent de
Chine. Ils font tous usage du tabac, quelques-uns ont
adopté la cigarette, mais le plus grand nombre se sert
de pipes à longs tuyaux, qui se fument en deux ou
trois bouffées. L'abus du bétel est général, et il n'est
pas d'Annamite qui se mette en voyage, sans emporter une boîte bien garnie des éléments de cette
horrible drogue, c'est-à-dire de feuilles de bétel, de
chaux vive et de noix d'areck. L'opium a aussi à
Saïgon quelques partisans. Les Chinois leur ont
donné l'exemple et ont introduit dans le pays une
certaine quantité de cette substance dont l'usage tend
à se répandre de plus en plus.

Les Cochinchinois sont adonnés au culte de Boud-
dha. Les pagodes avaient été abandonnées lors de
notre arrivée, et les bonzes préposés à leur service
avaient suivi dans l'exil les statues de leurs dieux.
Ces prêtres qui ne se recrutent que dans les classes
inférieures de la société vivent d'aumônes, et l'absti-
nence, dont leur religion leur fait un devoir, est pour
eux une vertu facile. L'empereur leur envoie de temps
en temps quelques cadeaux, que les mandarins in-

terceptent le plus souvent pour les conserver à leur profit.

Saïgon était une des villes les plus commerçantes de l'empire d'Annam. Les transactions se faisaient par l'intermédiaire des Chinois. Au nombre de douze à quinze mille, ils occupaient un quartier considérable de la ville où ils vivaient isolés et tranquilles, n'ayant de rapport avec les mandarins que pour leur payer un impôt variant chaque année, mais toujours excessif. Ils achetaient aux paysans leurs riches récoltes que les jonques du Céleste Empire et de Siam venaient chercher à la ville, et faisaient aussi quelques opérations avec les navires européens qui, ne pouvant remonter jusqu'à Saïgon, attendaient au cap Saint-Jacques les cargaisons de riz qu'ils leur faisaient parvenir. Ils recevaient en échange de l'opium, des tissus, des verroteries qu'ils répandaient dans la province, de la poudre et des canons que les mandarins leur achetaient. Venus pour s'enrichir et n'y restant que quelques années, ils ne contractaient jamais d'alliance avec les Annamites et conservaient religieusement les vices et les vertus de leur pays. Les mandarins trouvaient toujours chez eux des artisans laborieux et habiles dont ils savaient exploiter les services. La plupart restèrent à Saïgon. On ne les inquiéta pas, on put se procurer parmi eux les ouvriers nécessaires pour les travaux du génie, et ils furent les premiers à approvisionner le marché.

La province de Saïgon est le grenier de la Cochinchine. Traversées par de nombreuses rivières, qui offrent de toutes parts une communication facile, les plaines qui la composent sont d'une fertilité remarquable. Elles sont cultivées avec soin, et l'agriculture est aussi avancée chez les Annamites que chez les Chinois. Le riz et la canne à sucre y croissent en abondance, les cocotiers et les arekiers s'y rencontrent à chaque pas. Dans un excellent rapport sur notre nouvelle colonie, mon ami, M. Bertrand de Puyraimond, officier de *la Saône*, décrit de la manière suivante la culture de cette précieuse céréale.

Le riz vient dans les terrains bas et inondés. On le sème d'abord sans ordre, puis lorsqu'ils s'est élevé environ d'un pied, on l'arrache avec les racines pour le rassembler en petites gerbes, qu'on plante sur diverses lignes en forme d'échiquier. Mais avant cette transplantation, on travaille à rendre la terre égale et unie. Après l'avoir labourée une ou deux fois, toujours dans l'eau jusqu'à la cheville du pied, on brise les mottes avec les instruments : puis à l'aide d'une machine de bois sur laquelle le laboureur est debout pour conduire le buffle qui la traîne, on l'aplanit si parfaitement que la hauteur de l'eau demeure partout égale. Les champs de riz sont toujours inondés dans les plus grandes chaleurs. Les Annamites ajoutent quelquefois de la chaux vive à l'eau dont la terre est arrosée. Ils croient que ce mélange tue les insectes, détruit les mauvaises herbes, et donne au terrain une chaleur qui contribue à sa fécondité.

Le riz coupé, on le frappe avec des fléaux, on le vanne, on le passe à la meule pour le décortiquer, et on le revanne. Le riz étant encore recouvert d'une petite pellicule est battu avec un fléau cylindrique, passé de nouveau au vannage, et livré au commerce dans des sacs en paille contenant environ 130 livres anglaises, et dont le prix variable est en moyenne de 7 francs 50 centimes.

Les forêts qui séparent la province des montagnes du Laos renferment des bois de construction et de teinture que la marine et l'industrie pourront facilement utiliser. Les plantations de mûriers sont ouvertes en sentiers pour qu'on puisse les émonder et en chasser les oiseaux. Les Annamites élèvent une grande quantité de vers dont la soie procure des vêtements à la classe aisée du pays.

Le coton croît dans les terres moyennes, il est semé après la moisson ordinaire. La plante s'élève à environ deux pieds ; les fleurs, jaunes ou rouges, sont remplacées par un fruit de la grosseur d'une noix. Cette coque s'ouvre d'elle-même, et laisse voir trois ou quatre petites houppes de coton d'une grande blancheur, qui sont adhérentes et contiennent la graine. Pour la récolte, au moyen de deux rouleaux placés à se toucher, on sépare le coton de la graine, on le carde et on le file. Les étoffes fabriquées par les Annamites sont assez serrées ou de bonne qualité.

Le pays produit aussi du poivre, du riz et du tabac ; parmi les matières tinctoriales nous signalerons la gomme-gutte, le rocou, l'indigo et le safran.

Les arbres à fruit sont aussi nombreux que variés. On y trouve le bananier, le manguier, le mangoustan, l'oranger, le citronnier, le grenadier et l'ananas. Le bétail et le gibier y sont abondants. De grands troupeaux de buffles errent dans les prairies qui bordent la rivière. Les oiseaux de basse-cour, les paons et surtout les canards y pullulent. Les Annamites élèvent en très-grand nombre des cochons et des chiens qui sont pour eux des aliments recherchés. Enfin la rivière est très-poissonneuse. Si l'agriculture est avancée, on peut dire que l'industrie est tout à fait nulle, et, sous ce rapport, les Annamites ont tout à gagner du contact des nations européennes.

Reprenons l'histoire des travaux du corps expéditionnaire. Pendant plusieurs jours, les Annamites nous laissèrent en paix, mais les mandarins qui pour la plupart avaient été changés, finirent par rallier leurs soldats et vinrent s'établir à quelques heures de la ville, dans une grande plaine parsemée de tombeaux, et y établirent un camp retranché. L'amiral envoya contre eux quelques troupes. Attaqués à diverses reprises, ils furent, comme toujours, et malgré la supériorité de leur nombre, repoussés avec perte. Il faut dire qu'ils étaient très-mal armés, et qu'ils n'avaient plus que des lances à opposer aux carabines de nos soldats. On leur prit, dans une de ces rencontres, deux petites pièces de canon. Ces escarmouches ne nous occasionnèrent aucune perte, et les Cochinchinois se dispersèrent de nouveau pour gagner les villes voisines. Quelques Tagals furent tués isolément, victimes de leur amour pour le pillage. Ces soldats sont loin de partager nos idées de clémence pour les vaincus, et enveloppent dans une haine commune les Annamites et les Chinois. Ils ne pouvaient comprendre qu'on n'eût pas livré la ville au pillage. Malgré les ordres les plus sévères, ils s'aventuraient quelque-

fois dans la campagne, pénétraient dans les habitations isolées, et faisaient main-basse sur tout ce qu'ils
y rencontraient. Des Cochinchinois en ramenèrent
plusieurs fois à Saïgon, les accusant d'avoir pillé leur
domicile et violé leurs femmes. L'un d'eux, reconnu
coupable de ce dernier acte, et ramené au camp par
le mari outragé, reçut en sa présence et devant les
troupes espagnoles, cent coups de bambou. Mais ce
sévère châtiment n'empêcha pas nos auxiliaires de se
livrer à la maraude, et ils ne furent pas tous assez
heureux pour revenir à Saïgon.

Des soldats annamites rôdaient toujours dans la
campagne. Vêtus en laboureurs, ils s'aventuraient
même jusqu'à Saïgon, et leurs mandarins se trouvaient immédiatement prévenus de nos moindres actions. Ces espions surprirent un jour un sergent espagnol qui portait des ordres à un détachement éloigné,
et après l'avoir mutilé de la façon la plus barbare,
ils le tuèrent et jetèrent son cadavre dans le fleuve.
Cet acte de sauvagerie fut vengé dès le lendemain.
Une compagnie de Tagals s'empara de la maison
où le crime avait été commis, et quatre pauvres diables qui s'y trouvèrent furent immédiatement fusillés.
Ils payèrent ainsi pour les soldats qui s'étaient hâtés
de décamper dès qu'ils avaient eu connaissance de la
marche des Espagnols.

Pendant ce temps les travaux se poursuivaient avec
une grande activité ; quelques jours encore, et la citadelle allait s'écrouler sous les cendres. Des matelots,
envoyés de tous les bâtiments, étaient occupés à
transporter à bord la plupart des objets trouvés dans

les magasins du fort. Les canonnières, presque toujours sous vapeur, faisaient à tour de rôle des reconnaissances dans les bras du fleuve encore inexplorés et en préparaient l'hydrographie.

Des espions vinrent annoncer que les mandarins avaient armé plusieurs brûlots, et n'attendaient qu'une occasion favorable pour les lancer contre nos navires. Cette nouvelle était inquiétante, mais les espions annamites nous avaient si souvent trompés, que nous espérions que leur rapport était sans fondement. Cependant, l'amiral résolut de s'assurer du fait et de les détruire avant qu'ils aient eu le temps d'arriver jusqu'à nous. Huit canots armés en guerre, furent donc envoyés dans le bras du fleuve que les espions avaient indiqué, et un fort détachement d'infanterie de marine et de Tagals suivit cette petite flottille. Les canots parcoururent le fleuve sur une étendue de plus de deux lieues, et ne laissèrent pas le plus petit ruisseau sans l'explorer. Ils ne trouvèrent que quelques grands bateaux plats mouillés au milieu du fleuve, et probablement destinés à servir de brûlots. Il n'y avait personne à bord, mais une visite minutieuse y fit découvrir de la poudre et des fusées de guerre. Les Cochinchinois n'avaient pas encore eu le temps de mettre leur projet à exécution. Après avoir sabordé ces bâtiments qui ne tardèrent pas à s'engloutir, les canots regagnèrent la division. Ils brûlèrent, à leur retour, les chantiers de la marine et quelques navires inachevés. Cette petite expédition fut une véritable partie de plaisir. On ne rencontra pas un soldat, et les habitants des villages se firent un devoir d'appor-

ter à nos matelots fatigués des quantités de cocos,
d'oranges et de bananes. La nature a déployé toute sa
magnificence sur les bords du ruisseau que nous venions d'explorer. A chaque pas, nous rencontrions des
cabanes entourées de jardins magnifiques : des arbres
séculaires entrelaçant leurs rameaux formaient, en
certains points au-dessus du fleuve, un dôme de verdure, et laissaient entrevoir au delà, des campagnes
couvertes des plus riches moissons.

Le 7 mars, tout était prêt pour faire sauter la citadelle, et brûler avec elle l'immense quantité de riz
que renfermaient ses magasins.

Au point du jour, les troupes abandonnèrent leurs
casernes et s'embarquèrent. A huit heures du matin,
des tourbillons de fumée s'élevèrent dans les airs, de
tous les côtés à la fois, et les bastions et les portes profondément minés, sautèrent les uns après les autres
avec un bruit épouvantable, en projetant au loin une
quantité de débris. Le reste devint bientôt la proie des
flammes, et il ne resta plus de cette belle citadelle
que quelques pans de murs à moitié écroulés, et des
cendres qui brûlèrent pendant plus d'un an, malgré
les tentatives des Annamites pour les éteindre et arracher à cet incendie le riz qui manquait à leurs
soldats.

Dès que l'amiral fut embarqué, tous les navires
appareillèrent et vinrent mouiller devant le fort du
sud. Plusieurs transports chargés de troupes retour-
nèrent de suite à Tourane, où les Cochinchinois avaient
entrepris de grands travaux et attaqué plusieurs fois
nos troupes ; les autres attendirent pour aller les re-

joindre que le fort fût entièrement achevé. On y travailla jour et nuit. Tous les navires fournirent de nombreuses corvées, et les prisonniers cochinchinois se rendirent alors très-utiles. Nous avons déjà dit que lors de la prise de la citadelle on avait trouvé les prisons pleines de chrétiens et de malfaiteurs. L'amiral avait fait mettre les premiers en liberté, et on avait employé les autres aux travaux de terrassement que nos soldats affaiblis n'auraient pas pu supporter. Ces prisonniers étaient chargés de chaînes disposées de façon à rendre toute évasion impossible. Elles étaient formées de trois branches dont les deux inférieures étaient rivées aux chevilles, tandis que la supérieure était fixée à un anneau servant de collier. Pendant que ces prisonniers et des journaliers, venus chaque matin du quartier chinois élevaient les fortifications, les matelots transportaient dans leur enceinte les vivres de campagne et les munitions que l'on devait laisser à la garnison. Les soldats annamites n'essayèrent pas de s'opposer à ces travaux. Ils assistaient à la destruction de Saïgon, s'occupaient de leur côté à reformer leur armée si souvent dispersée, et à élever à quelques lieues de la ville les redoutables fortifications de Qui-Hoa.

Les mandarins n'avaient cependant pas renoncé à leur projet d'incendier nos navires : on apprit bientôt qu'ils faisaient rassembler une immense quantité de bois à brûler sur les bords de la rivière. Chaque village devait en fournir une quantité déterminée, et construire un tronçon de radeau. Les Annamites devaient ensuite réunir tous ces matériaux, et en faire

un gigantesque brûlot. Cette machine une fois achevée aurait pu occasionner de graves accidents, car la
rivière est si étroite qu'il aurait été presque miracu-
leux qu'elle ne vint point se heurter à quelque navire.
L'Alarme reçut l'ordre d'aller détruire les matériaux
déjà rassemblés, et revint le même jour après avoir
heureusement accompli sa mission.

Quelques chrétiens prétendaient aussi avoir aperçu
des soldats à l'extrémité du quartier chinois : une
reconnaissance poussée de ce côté n'amena aucun
résultat. Les éclaireurs ennemis étaient toujours prévenus de nos moindres mouvements, et s'enfuyaient
dès que l'on cherchait à les surprendre. Le quartier
chinois était la seule partie de la ville qui fût encore
habitée. Nos canots furent tout d'abord obligés de
se frayer un passage au milieu d'une multitude de
barques remplies de curieux qui les arrêtaient à
chaque instant. Ils s'avancèrent ensuite bien au delà
de la ville, et revinrent sans avoir rencontré d'Annamites et après avoir brûlé quelques maisons de campagne où les mandarins avaient établi des dépôts
d'armes et de poudre.

Le 26 mars le fort était terminé. Il fut occupé
par une compagnie d'infanterie de marine et deux
compagnies de chasseurs espagnols. M. le capitaine
de frégate Jaureguiberry en reçut le commandement;
il gardait sous ses ordres, *le Primauguet, la Durance,*
deux canonnières et l'aviso espagnol *El Cano.* De
son côté, Mgr Lefèvre s'installa sous notre protection
dans un village abandonné, situé près du fort. Un
certain nombre de chrétiens, accourus à son appel,

s'établirent près de lui, et formèrent une petite colonie qui devint l'origine de la nouvelle cité, dont nous ne pouvons raconter les développements successifs.

Enfin, le 27 avril, la *Saône* et le *Phlégéton* appareillèrent et se rendirent à Tourane, où la présence de l'Amiral était devenue indispensable; ces deux navires y arrivèrent dans le commencement de mai.

Tels furent les débuts de notre nouvelle colonie. En moins de quinze jours, 1,200 hommes affaiblis par un long séjour sous le climat meurtrier de Tourane, avaient pris et détruit Saïgon que les Annamites croyaient inexpugnable. Cette expédition si audacieusement exécutée, eut dans tout le pays un immense retentissement. Les mandarins essayèrent en vain de nous faire abandonner notre conquête. Tous leurs efforts vinrent échouer devant le courage stoïque de nos braves marins, et de nos intrépides soldats. Malgré des attaques incessantes, malgré des privations de toutes sortes, la faible garnison qui la gardait parvint à s'y maintenir jusqu'à l'arrivée de l'amiral Charner, au mois de janvier 1861. Une ville nouvelle s'est élevée sur les ruines à peine refroidies de l'ancienne citadelle. Mitho et Bien-Hoa, ces derniers boulevards de la province, sont aujourd'hui français, la paix est venue couronner tant de courageuse persévérance, et nous pouvons envisager sans crainte l'avenir de ce vaste pays appelé, selon nous, à devenir une de nos plus riches colonies.

Ainsi que nous l'avons dit, le pays est riche et fertile. Les populations qui l'avaient abandonné pendant la guerre y retournent peu à peu, et le commerce et l'agriculture vont y refleurir sous la protection de notre drapeau. La France n'a point été conduite dans la Cochinchine par l'appât des richesses. Une idée plus généreuse l'a dirigée dans ces lointaines contrées de l'Orient, et le droit qui lui mettait les armes à la main, était celui de tous les peuples civilisés. On a considéré cette expédition comme une sorte de croisade entreprise à l'instigation des missionnaires. Sans doute ce motif a existé, mais nous pensons que l'on s'est trompé en attribuant à cette raison seulement notre intervention dans l'empire d'Annam. Jusqu'ici, les Cochinchinois avaient vécu à l'écart, isolés ou plutôt emprisonnés dans leur territoire, comme dans autant d'îles séparées les unes des autres. Les intérêts qui les avaient rapprochés des nations européennes n'avaient amené que des relations éphémères, que le despotisme ombrageux des souverains du pays avait bientôt interrompues.

La France a brisé cette barrière, et ces races éloignées vont enfin, grâce à sa puissante initiative, recevoir la lumière que le christianisme et la civilisation iront porter jusque dans les provinces les plus reculées de l'empire. Ce n'est pas seulement une armée que la France a envoyée à Saïgon ; un établissement purement militaire ne conviendrait plus aujourd'hui au caractère de notre civilisation. Il est évident que nos intérêts commerciaux et maritimes réclament une occupation plus féconde. Il faut encourager une population civile à suivre nos soldats. Le succès a déjà couronné les efforts de ceux qui n'ont pas craint de s'aventurer dans le pays. Des négociants anglais et

américains s'y sont établis sous notre protection, qui
ne leur a pas fait défaut. Que des colons français suivent leur exemple, qu'ils s'avancent avec eux dans ce
pays devenu tranquille, et qu'ils fassent connaître
enfin que la France n'est pas seulement puissante par
ses armes, aux populations qu'elle a soumises. Que
les Annamites, propriétaires et laboureurs, que les
Chinois industriels et commerçants deviennent entre
leurs mains les éléments de la prospérité du pays, et
nous n'aurons plus rien à envier aux Anglais et aux
Espagnols qui ont su élever, dans ces mers, si loin
de leur patrie, les magnifiques colonies de Singapor,
Hong-Kong et Manille.

HONG-KONG

Après le traité de 1842, les Anglais se firent céder
une des îles qui sont situées à l'embouchure de la rivière de Canton. Ils s'établirent d'abord au nord de
l'îlot qu'ils avaient arraché au gouvernement chinois,
mais les maladies sévirent avec une telle violence sur
leurs troupes, qu'ils furent obligés d'abandonner
leurs premiers travaux à Aberdeen, et qu'ils vinrent
sur un autre point, jeter les fondements de Hong-
Kong, ville née d'hier et déjà la plus belle et la plus florissante de celles qui occupent le littoral de la Chine.

L'île de Victoria est montagneuse et aride, c'est un
rocher granitique complétement stérile à l'exception
de quelques petites vallées. C'est donc avec la pioche
ét la mine, et en sacrifiant des milliers de travailleurs
qu'il a fallu créer les emplacements où s'élèvent chaque jour les nouveaux établissements anglais. Macao
s'est enorgueillie pendant longtemps de sa vaste rade,
mais Hong-Kong en possède une, bien mieux fermée
par de nombreux îlots, où l'on voit çà et là des villages
de pêcheurs. La mousson ne la trouble pas comme sa
rivale, l'escadre la plus nombreuse peut y mouiller
à l'abri des vents et de l'ennemi, et l'antique colonie

portugaise a dû céder à Hong-Kong le sceptre des mers de Chine.

La ville est bâtie sur la côte, elle s'élève en amphithéâtre et présente la forme d'un fer à cheval qui se développe sur une longueur de 4 à 5 milles. Des quais magnifiques ont été construits; ils sont bordés par d'immenses magasins, et de belles maisons d'habitation aux toits en terrasses, et ornées de galeries que soutiennent de légères et élégantes colonnes. C'est comme une réunion de riches villas, où éclatent le confort et la splendeur des négociants qui les habitent. Les pavillons des États-Unis, de la Hollande, de l'Espagne et de la France flottent au-dessus de ces palais, mêlent leurs couleurs au yacht britannique, symboles de l'alliance de toutes ces riches nations dont les navires sillonnent aujourd'hui, dans tous les sens, les mers du Céleste-Empire que nos escadres leur ont ouvertes.

La plupart des maisons européennes dont le nombre s'accroît chaque jour, groupées parallèlement aux quais, forment une rue magnifique, Queens'road, la rue de la reine, qui vient aboutir à gauche, à une place ombragée de majestueux platanes, et se termine à droite sans transition, au populeux quartier chinois. Le club des officiers, la banque, les bureaux de la Compagnie péninsulaire orientale et deux hôtels qui laissent encore beaucoup à désirer, malgré leur belle apparence, donnent à tout ce quartier un aspect monumental. Les magasins des schip-chandlers et les riches boutiques des marchands de curiosités chinoises remplissent les intervalles des établissements que nous venons d'énumérer, et rompent la monotonie de leurs lignes un peu sévères.

Si l'on débarque à la cale américaine, au centre des quais, on voit à sa gauche, après avoir traversé la place qui sert alternativement de champ de manœuvre à la garnison et de jeu de paume aux officiers, les magnifiques casernes anglaises, qui pourraient servir de modèle à tous les établissements de ce genre, l'arsenal où les armes et les munitions de toutes sortes sont l'objet d'un entretien vigilant, les magasins de la marine richement approvisionnés, et enfin l'hôpital militaire non terminé, dont les salles vastes et bien aérées peuvent contenir un grand nombre de malades, et dont les jardins et les cours ombragés de platanes et de bambous offrent aux habitants de l'hôpital une très-belle promenade. Un peu plus loin, la ville perd son aspect européen, les maisons et les usines disparaissent peu à peu, et font place aux habitations chinoises, refuge d'une quantité innombrable de populace et d'artisans.

A l'extrémité droite de Queens'road, la transition de l'Europe à l'Asie est encore plus brusque, et les maisons chinoises vont se prolonger sur le bord du rivage jusqu'aux immenses parcs à charbon de la marine et de la Compagnie péninsulaire.

Un très-grand nombre de rues, taillées dans le roc, et d'une pente excessivement rapide, viennent s'ouvrir perpendiculairement dans cette artère principale. Elles sont occupées par les Chinois ; mais des maisons européennes s'y construisent chaque jour, et de larges rues remplaceront bientôt toutes les ruelles sinueuses et étroites qui existent encore aujourd'hui.

Sur un point encore plus élevé, l'Église anglicane, les bureaux du gouvernement et le palais du gouverneur sont échelonnés sur les flancs de la montagne, sous la protection d'une batterie d'artillerie dont les pièces toujours braquées sur le quartier chinois, auraient bientôt raison d'une insurrection de la populace. Il n'y a aucun monument chinois à Hong-Kong; la pagode principale est une des plus pauvres de tout l'Empire.

Les Européens sont environ 20,000 à Hong-Kong. Les Anglais et les Américains y dominent par leur nombre et par l'importance de leur commerce et de leur fortune. La France n'y compte que quelques représentants. Il faut joindre à ces négociants millionnaires, de nombreux schip-chandlers et une foule d'employés du gouvernement et des grandes maisons de banque et de commerce. Au mois d'avril 1860, on y voyait un grand nombre d'officiers anglais et français. Chaque jour, de nouveaux transports chargés de troupes venues d'Europe et de l'Inde mouillaient sur la rade, et les rues de la ville et les hôtels offraient l'aspect le plus animé. Mais tout ce mouvement n'était qu'exceptionnel; et en temps ordinaire la garnison se compose d'un régiment de saintries, soldats de marine, de quelques artilleurs et d'un régiment de cipayes originaires de l'Inde, qui fournissent aussi des agents à la police.

Il nous faut encore indiquer, pour compléter cette énumération des habitants de la ville, quelques Parsis qui vivent tout à fait en dehors des Européens, sans

fréquenter les Chinois, et qui jouissent par leur fortune, et l'importance de leurs opérations commerciales d'une très-grande influence. Le reste de la
population se compose d'environ 40,000 Chinois qui
vivent à part, enfermés dans leurs quartiers, où ils
sont maintenus par la police anglaise, très -sévère à
leur égard.

Les riches Européens ont à Hong-Kong un très-
grand train de maison. Ils se font servir par de nombreux domestiques placés sous la direction d'un
homme de confiance appelé Comprador. C'est une
sorte d'intendant qui s'occupe de tous les détails de
la maison, est chargé de la table, de la solde et de la
surveillance des domestiques qu'il choisit à son gré.
Les appartements sont très-grands et la mode n'y admet pas d'ornements inutiles. La fraîcheur est le but
principal où l'on vise, et un meuble qui ne serait pas
nécessaire intercepterait inutilement l'air qu'on fait
circuler avec le plus grand soin et que l'on agite
constamment au moyen de grands éventails en toile,
que font mouvoir, en se tenant en dehors des appartements, des domestiques dont c'est le seul emploi.
Les Anglais vivent sous ce climat meurtrier avec la
plus grande régularité. Ils prennent un bain le matin
et déjeunent avant de se rendre à leurs affaires; tous
les bureaux sont fermés de midi à trois heures ; ce
temps est consacré à la sieste. Le soir, les Anglais ont
la distraction du club et de la promenade. Quelques
sportmen ont fait venir à grands frais de très-beaux
chevaux, et chaque année, des courses renommées attirent dans la ville les négociants de Canton, de Macao

et de Shang-Haï. Les Européens ne sortent pas à pied. Ils se font porter par des coolies chinois, dans des chaises en bambou, surmontées de stores mobiles qui donnent par leur agitation un peu de fraîcheur. Le soir, des lanternes ornées de dessins fantastiques sont placées aux brancards de ces véhicules. Malgré la distance, ils vivent à Hong-Kong à peu près comme à Londres, et leurs femmes en suivent scrupuleusement les modes, sans faire à la différence des climats la plus légère concession. Elles ne se montrent jamais qu'en toilette, et se rendent chaque soir à la promenade pendant que la musique des régiments anglais donne des sérénades invariablement terminées par l'air national.

Les officiers anglais mènent aussi à Hong-Kong une grande existence, et leur mess est servie avec un luxe dont ils ne se séparent jamais, même en campagne. Les cipayes, qui forment une grande partie de la garnison, ont conservé toutes les habitudes de l'armée indienne. Une fois leurs heures de service écoulées, ils se débarrassent de leur uniforme, vont la poitrine et les pieds nus, et leurs armes restent déposées dans les magasins de la caserne. Un grand nombre de ces soldats se sont fait suivre par leur famille. Ils n'ont point de sociabilité, se tiennent chez eux, mangent et fument solitairement, et ne sortent que le matin et le soir pour aller faire leurs ablutions.

Pour en finir avec la population européenne de la ville, il nous reste à dire quelques mots de l'établissement des missions étrangères encore placé sous la direction du R. P. Libois, homme excellent qui, depuis

vingt ans, est la providence des missionnaires disséminés dans les immenses contrées qui s'étendent de
la presqu'île de Malacca au nord de l'empire chinois.
C'est lui qui a transporté à Hong-Kong l'établissement
que ses prédécesseurs avaient d'abord fondé à Macao,
et chaque année il voit s'éloigner ces champions de la
foi qui vont, l'Évangile à la main, porter la lumière
dans les provinces les plus sauvages de la Chine de
l'empire d'Annam et du Japon. Les jeunes missionnaires qui arrivent de France attendent à la procure
des occasions favorables pour pénétrer dans les missions, et y étudient les idiomes des peuples qu'ils doivent visiter. C'est aussi un refuge pour ceux que la
violence a arraché à leurs travaux. Pendant notre
séjour à Hong-Kong, plusieurs missionnaires, fuyant
devant la persécution de l'Empereur Tu-Duc s'étaient
réfugiés à la procure, et nous avons eu occasion de
nous y trouver avec trois évêques missionnaires. Les
deux premiers, après être restés quelque temps à
Tourane avec le corps d'occupation, avaient cru devoir
se retirer et prendre un peu de repos; le troisième
arrivait des provinces du nord de la Chine. Il portait
encore le costume de la contrée qu'il habitait; c'était
un homme de cinquante ans environ, de grande taille
et d'une belle figure, et son air doux n'excluait pas
l'expression de force répandue sur toute sa personne.
Il rejoignit plus tard l'escadre française dans le golfe
du Petchili, et eut l'honneur de planter la croix à
Pékin, après le traité du mois de novembre 1860. Les
missionnaires français jouissent à Hong-Kong d'une
très-grande estime, et font dans la ville le plus grand

bien : on ne saurait leur reprocher qu'un peu d'into-
lérance, bien pardonnable chez des hommes qu'une
conviction profonde a pu seule encourager à abandonner leur famille et leur patrie pour se consacrer à la
vulgarisation d'une idée à laquelle ils ont tout sacri-
fié. Ils se plaignent que les négociants font beaucoup
de mal à la propagation de la foi. Ceux-ci, de leur
côté, prétendent que l'obstination des missionnaires
à vouloir introduire en Chine une religion que le
gouvernement redoute, nuit beaucoup à la facilité des
relations avec les indigènes, et devient un obstacle au
commerce. Nous ne chercherons pas de quel côté se
trouve la vérité, et nous préférons admettre qu'ils ont
raison les uns et les autres.

Les missionnaires partagent leur temps entre l'étude
et l'instruction des jeunes Chinois, et se font servir
par les enfants qu'ils ont convertis. Ils ont acheté près
de la ville, à l'entrée d'une vallée que sa fertilité avait
fait nommer Vallée heureuse, une maison de campagne
d'où l'on jouit d'une vue admirable. Ils y ont fondé
un collége. Nous y avons fait de bien nombreuses visites et nous y avons reçu l'hospitalité d'un jeune prêtre qui, après avoir passé plusieurs années dans l'île
d'Hainam, repaire de pirates redoutés, se reposait au
milieu d'une bande de petits Chinois auxquels il
s'efforçait d'enseigner le latin. Les missionnaires ont
ainsi pour but de s'attacher les plus intelligents de
leurs élèves qui, devenus prêtres à leur tour, partagent tous leurs dangers et leur sont d'une grande uti-
lité dans les missions. Nous croyons cependant qu'il y
aurait mieux que cela à faire, et que quelques con-

naissances utiles qui les rendraient plus tard des pionniers de la civilisation ne nuiraient, ni aux missionnaires ni à leurs élèves, et nous pensons aussi que le français, qui leur ouvrirait les portes de toutes les sciences de l'Europe, leur serait plus utile que le latin.

Quoi qu'il en soit, l'école de Saint-Joseph était très-florissante lorsque nous l'avons visitée. Tranquille depuis plus d'un an, elle ne redoutait plus les attaques des bandes qui avaient erré autour de la ville, et qui les avait inquiétés à ce point que les missionnaires avaient cru devoir se procurer de vieux fusils et des lances non moins antiques, armes bien inoffensives dans les mains débiles de leurs élèves, et qui font aujourd'hui l'ornement de leur bibliothèque.

Les Sœurs de la Sainte-Enfance ont aussi, à Hong-Kong, un établissement où elles recueillent et élèvent, après les avoir fait baptiser, un grand nombre de petites filles abandonnées par leurs parents ou vouées à la mort dès leur naissance.

Nous serions injustes d'oublier les missionnaires envoyés à Hong-Kong par les sociétés bibliques anglaises et américaines. Il résulte de leur présence une lutte entre le principe catholique et le principe protestant, qui doit nécessairement nuire à l'extension des idées chrétiennes. Les missionnaires anglais venus avec leur famille ne pénètrent pas dans l'intérieur des provinces. Ils restent à Hong-Kong ou dans les villes du littoral, s'occupent de faire imprimer en chinois des extraits de la Bible, et le but de tous leurs efforts est d'en distribuer le plus possible.

Si l'un de nos lecteurs allait jamais en Chine et qu'il lui prît fantaisie d'explorer les quartiers chinois de Hong-Hong, nous lui conseillerions de s'adjoindre deux ou trois compagnons de voyage, de cacher sa montre, de se munir d'une bonne canne et de se défier de tous les curieux qui voudraient le considérer de trop près. Ces précautions prises, il pourrait commencer sa promenade, et s'enfoncer dans ces quartiers populeux où avant la guerre les Européens ne s'avanturaient pas sans danger. La ville chinoise de Hong-Kong a beaucoup moins d'originalité que la partie correspondante de Macao. La séparation des Européens et des Chinois n'est pas bien tranchée à Hong-Kong. A Macao, les deux peuples sont séparés par une muraille. A Hong-Kong, les rues sont larges pour la plupart, à Macao elles sont tortueuses, et si étroites qu'on ne saurait y passer plus de trois de front.

Nous avons déjà dit que les plus beaux magasins de curiosités sont dans Queens'road. C'est là que les marchands renommés, Pun-lun, Chew-chong, Hippoa, étalent aux yeux des Européens leurs meubles de laque, leurs ivoires sculptés, leurs bronzes, leurs bro-deries aux mille couleurs, et leurs inimitables crépons. Leurs magasins, quoique très-mal éclairés, ont un aspect très-original. Ce ne sont que des dépôts où s'amoncellent, pour être renouvelés chaque jour, les produits des fabriques de Vampoa et de Canton. Les étrangers sont toujours très-bien accueillis par les Chinois, qui font avec beaucoup de bonne grâce et de politesse les honneurs de leurs magasins. Il y a toujours beaucoup de monde à admirer tous ces précieux objets et on se les arrache à qui mieux mieux. Il est très-nécessaire de se familiariser avec les habitudes de ces marchands. Ils demandent toujours d'un objet le double ou le triple de sa valeur, et les nouveaux venus s'y laissent prendre trop souvent. L'usage veut aussi quand on a fait un marché considérable, que le marchand offre un cadeau : mais les Chinois s'efforcent de faire tomber cette excellente coutume en désuétude. Il y a quatre ans, ils s'exécutaient librement, mais depuis les grands mouvements de troupes qui ont eu lieu à Hong-Kong, ils se montrent beaucoup plus récalcitrants à l'endroit du Kamcha, et il est bon de leur prouver que l'on connaît la tradition.

Au milieu de ces magasins de curiosités se trouvent plusieurs ateliers de peinture, et les Chinois ont dans cet art un talent d'imitation remarquable. Ils reproduisent en grand de petites gravures, des daguerréotypes, des photographies, et font des albums très-curieux. Leurs couleurs ont une réputation bien méritée, et leurs tableaux de fleurs, d'oiseaux, et de costumes sont très-recherchés par les étrangers. Ils excellent aussi dans la reproduction des navires, et il est peu de capitaines qui résistent à la tentation d'orner leurs cabines d'un tableau de ce genre.

Une foule de Chinois de tout âge, couverts de haillons ou à moitié nus, armés de corbeilles en bambou qu'ils portent aux deux extrémités d'un morceau de bois placé sur leur épaule, attendent les étrangers à la sortie des magasins et leur proposent de se charger de leurs acquisitions. Il n'y a que deux moyens de s'en débarrasser : on en prend un, et les autres se

taisent comme par enchantement, ou bien l'on distri-
bue à tort et à travers des coups de canne. Tous
s'enfuient alors en criant. La même scène se renou-
velle au débarcadère. On y est encore assailli par une
foule de mariniers qui font leurs offres de service, et
il faut de nouveau recourir au bâton. Les policemen
les mettent d'accord et leur défendent les abords de
la cale à coups de pierre, et ces arguments violents
mais nécessaires les tiennent à distance.

A mesure que l'on s'éloigne de Queens'road, les
magasins chinois deviennent beaucoup moins brillants, et ne contiennent plus que des objets de qualité inférieure que des commis vont tous les jours
porter à bord des bâtiments, où ils sont achetés par
les matelots qu'une consigne trop sévère empêche
d'aller à terre.

Ces magasins sont avoisinés par de nombreuses tavernes anglaises, toujours encombrées de matelots de
toutes les nations, et qui offrent surtout le soir le plus
singulier aspect. Presque tous ces établissements sont
situés dans le même quartier, et dès que le soleil est
couché, que les matelots descendent à terre et que les
soldats ont terminé leur service, ils s'emplissent de
buveurs qui font couler à flots la bière et le brandy, et
ne cessent de boire que pour se livrer au plaisir de la
danse. L'orchestre se compose d'une grosse caisse et
d'un violon, mais les établissements de premier ordre
ont de plus un triangle et un tambour; et au son de
cette musique toute nationale, soldats et matelots
dansent la gigue à qui mieux mieux. Les tavernes
sont d'une propreté irréprochable : leurs comptoirs

d'étain brillent comme de l'argent, et leurs murs blanchis à la chaux sont ornés de tableaux dus aux pinceaux des peintres chinois. Les indigènes ne pénètrent jamais dans ces établissements, mais on doit prendre garde quand par hasard on regarde de la rue les ébats des soldats de la garnison et des matelots de l'escadre, car ils stationnent volontiers aux alentours et malgré les nombreuses patrouilles de policemen qui sillonnent ce quartier, et les factionnaires isolés qui veillent à la sûreté publique, ils ne sont pas longs à dévaliser les curieux. Toutes les rues des environs sont encombrées de Chinois et de Chinoises qui attendent les matelots au sortir des tavernes : on ne saurait se faire une idée de la foule qui parcourt ces ruelles mal éclairées, et encombrées d'étalages de toutes sortes. Jusqu'à neuf heures c'est un tapage à rompre la tête, un mouvement impossible à décrire. Mais quand le coup de canon de la retraite se fait entendre, les lumières s'éteignent, les portes se verrouillent, et ces rues tout à l'heure si populeuses et si bruyantes deviennent silencieuses et presque désertes. On n'y rencontre plus que les patrouilles anglaises et des Chinois attardés qui fuient devant elles. Il est défendu à tous les Chinois de sortir pendant la nuit, et tous ceux que l'on surprend après la retraite, sont arrêtés. On accorde cependant aux Chinois établis et connus, des permissions de sortir après la retraite; ils doivent les montrer à toutes les réquisitions des policemen et les faire renouveler tous les quinze jours. Ainsi qu'on le voit, les Anglais font sentir durement leur domination à la population indigène de Hong-Kong, et cependant, malgré les précautions dont ils s'entourent, malgré la sévérité de leur police, des vols audacieux se commettent chaque jour. Nous nous souvenons qu'un soir du mois de janvier 1859, nous nous étions aventuré avec quelques officiers au centre du quartier chinois. Tout paraissait tranquille, aucune lumière ne brillait et nous avancions de plus en plus au milieu de ces rues désertes, lorsqu'un policeman vint à notre rencontre et nous invita à retourner sur nos pas, offrant du reste de nous accompagner si nous persistions à continuer notre imprudente promenade. Nous revînmes très-tranquillement à bord, et nous sûmes dès le lendemain que d'autres Français moins heureux avaient été volés dans les rues que nous avions parcourues. Les Chinois sont de très-habiles et très-audacieux voleurs. En plein jour et au milieu des rues les plus surveillées, on est dévalisé en un clin d'œil, et il serait difficile de dire la quantité d'objets volés aux officiers de l'expédition pendant le court séjour qu'ils ont fait à Hong-Kong. Quand la police met la main sur un voleur, son procès est bientôt fait. Si le vol a été accompagné de violence, le coupable est pendu, dans le cas contraire il est mis à la chaîne et va augmenter le nombre des galériens qui sont employés à faire les routes, à creuser les mines, et à tous les travaux de terrassements si pénibles et si souvent mortels dans ces climats pour les Européens.

Les rues qui avoisinent le rivage sont encombrées de marchands ambulants qui vendent pour quelques sapèques des gâteaux, des fruits et des légumes aux équipages des jonques et aux coolies

occupés à les décharger. Les mendiants sont très-
rares à Hong-Kong, et cela se conçoit aisément. Il
faut si peu pour vivre à un Chinois qu'il lui est toujours facile de se procurer la nourriture de la journée. Les seuls mendiants qu'on y rencontre sont des
aveugles si nombreux dans toute la Chine, et des estro-
piés. La difficulté que les étrangers éprouvent à pénétrer dans l'intérieur des familles est la même que dans
les autres villes de l'Empire. Malgré leur contact pro-
longé avec les Européens, les Chinois restent les mêmes, et n'ont pris aucune de leurs habitudes, tout en
conservant religieusement celles de leurs ancêtres.
Nous avons connu à Hong-Kong un riche Chinois
qui, en 1848, à l'époque où tous les négociants de la
ville refusaient de l'argent à la corvette *la Bayonnaise*,
avait avancé tous les fonds dont le commandant avait
eu besoin. Comme il avait adopté en partie les habitudes européennes, qu'il avait voyagé en Angleterre
et en Amérique, et placé ses enfants dans de grandes
maisons de commerce anglaises, nous espérions qu'il
se montrerait plus hospitalier que ses compatriotes et
qu'il nous ferait les honneurs de sa maison. Il n'en
fut rien : il nous combla de politesses, mais resta
sourd à toutes les sollicitations que nous lui fîmes
d'aller le voir dans sa famille. Il est donc très-difficile
de connaître les mœurs intimes des Chinois : tout ce
qu'on en sait c'est que leurs femmes végètent dans
l'ignorance la plus complète, et qu'ils les traitent en
esclaves. Tous les historiens qui ont écrit sur ce sujet
se sont copiés et ne nous ont rien appris de certain.
Nous préférons avouer sur ce point notre ignorance,

et ne pas suivre les errements des voyageurs qui nous
ont précédé.

En revanche nous avons eu occasion de visiter plusieurs fois des établissements publics entièrement ré-
servés aux Chinois, et où ils vont se distraire de la
monotonie de leur existence de famille. Nous voulons
parler des Sin-soon ou cafés chantants. Ceux de Macao
sont beaucoup plus beaux que ceux de Hong-Kong.
Nous avons parcouru plus d'une fois les uns et les autres, et nous allons décrire une fête qui nous fut donnée par de riches négociants chinois dans le principal
des établissements de cette ville.

Le sin-soon est situé au milieu du quartier chinois,
et ne se distingue à l'extérieur, des maisons voisines
que par deux énormes lanternes ornées de peintures
éclatantes et bizarres, placées de chaque côté de la
porte. Au rez-de-chaussée se trouvent les cuisines où
les valets chinois préparent leurs mets étranges; un
escalier très-rapide conduit au premier étage occupé
par la salle principale où ont lieu les fêtes. Cette salle,
de forme carrée, est éclairée par un très-beau lustre
de cristal. Les murs sont couverts de tableaux chinois et de larges bandes de papier où sont transcrites
des maximes de Confucius. Des bouquets, des corbeilles et des ornements de formes variées, en fleurs,
sont suspendus au plafond. Un buffet en bois sculpté
avec art, placé près de la porte, est couvert de pipes en
cuivre de formes diverses. Tout autour de la salle sont
des siéges en bois sculpté, séparés les uns des autres
par autant de petites tablettes sur lesquelles on place
les tasses à thé et des soucoupes remplies de graines

de pastèques grillées. Au milieu se trouve une table ronde couverte de fleurs odoriférantes effeuillées. L'espace compris entre les deux fenêtres qui sont de plain pied, est occupé par une estrade un peu inclinée, sorte de lit de camp couvert d'une natte fine. Elle est destinée aux fumeurs d'opium, et se trouve garnie des instruments indispensables, c'est-à-dire d'une pipe spéciale, d'une lampe, d'une aiguille d'acier et d'un petit pot contenant ce précieux extrait. Aux murs sont accrochés les instruments de musique, qui se composent de flûtes en bambou, de mandolines et de violons qui ont la forme d'une grosse pipe ordinaire. Les cordes au nombre de deux vont de ce que nous comparons au fourneau de la pipe à l'extrémité du tuyau. Mentionnons une sorte de tambour formé d'une moitié de calebasse montée sur un trépied, n'oublions pas les raquettes et nous aurons tous les éléments du plus épouvantable concert qui se puisse imaginer.

A huit heures nous nous rendîmes chez le Chinois qui nous avait invités. Il nous attendait dans son magasin avec quelques amis, ses associés, et de riches marchands de Canton. Tous étaient richement vêtus de longues robes de soie brochées, doublées de fourrures de prix et fermées au moyen de boutons d'or. Ils portaient la petite calotte de soie noire surmontée d'un nœud rouge, et avaient à la main l'éventail en papier dont ils ne se séparent jamais. Après les saluts d'usage, et l'arrivée successive des invités, des chaises à porteurs, ornées de lanternes, nous conduisirent au sin-soon dont nous avions déjà deviné la place au bruit qui s'y faisait. En entrant dans la salle nous fûmes

éblouis. Huit femmes charmantes, vêtues de courtes
robes de soie et de larges culottes de la même étoffe,
attachées au-dessus de la cheville, et coiffées avec le
plus grand art, nous attendaient en accordant leurs
instruments. On nous fit asseoir tout autour de la
salle et la musique commença. Un des convives offrit
à l'une des chinoises une petite guitare. Elle se dé-
tacha du groupe de ses compagnes, vint s'asseoir sur
un siége élevé au milieu du salon ; et se mit à chanter,
à notre grand désespoir. Quant aux instruments qui
l'accompagnaient, il faut renoncer à exprimer l'effet
désagréable qu'ils produisent sur les oreilles européennes. Ce supplice dura pour nous jusqu'à deux
heures du matin. A peine une chanteuse avait-elle
fini sa complainte qu'une autre la remplaçait sur la
maudite sellette, en dépit du supplice qu'elles nous
imposaient sans s'en douter. Pendant ce temps, des
domestiques tenant à la main d'immenses éventails
en plumes ou en latanie agitaient constamment l'air
de la salle. D'autres nous présentaient tour à tour des
pipes en cuivre, et, pour que nous n'eussions aucune
peine, ils en soutenaient les tuyaux et tenaient du
papier allumé au-dessus du tabac. De temps à autre
les Chinoises qui ne chantaient pas décortiquaient des
graines de pastèques qu'elles nous offraient, et d'autres
serviteurs renouvelaient sans cesse les tasses de thé
bouillant et sans sucre. Quant à nos amis les Chinois,
ils écoutaient gravement la musique, sans jamais encourager par des éloges les efforts des artistes. Les
uns fumaient silencieusement, un autre accompagnait
les musiciens, à l'aide d'un tambour, pendant que

deux vieux sybarites s'étaient installés sur le lit des fumeurs d'opium et paraissaient plongés dans l'extase. Deux domestiques les éventaient à l'aide d'immenses éventails en plumes. Sauf la musique qui nous agaçait les nerfs, nous étions enchantés de notre soirée, et, en songeant à l'étrangeté du spectacle que nous avions sous les yeux, nous attendions l'heure du souper. A minuit le concert cessa, et de nombreux serviteurs apportèrent sur la table qui se trouva dressée en quelques minutes les produits les plus recherchés de la cuisine chinoise. Chaque couvert se composait d'une soucoupe, d'une tasse et d'un petit bol en porcelaine du volume d'un dé à coudre, d'une cuiller à manche recourbé et très-court, et de deux petites baguettes de bois de santal garni d'argent.

Le menu du festin était assez étrange pour que nous ne résistions pas à la tentation de le décrire. Le premier service se composait de deux potages aux ailerons de requins et aux nids d'hirondelle, de vers grillés, d'holothuries, d'intestins de poissons, et de blancs de poulet bouillis. Des fruits confits dans du vinaigre, et des légumes de toute espèce servaient de hors-d'œuvre. Chaque convive avait une petite tasse pleine d'une sauce faite avec du sel et du poisson pourri, ce qui servait d'assaisonnement à tous les plats. Nous nous assîmes devant cette table si somptueusement servie, et nous nous bornâmes d'abord à regarder. Tous les Chinois se servaient à la fois, et de tous les plats qui se trouvaient sur la table. Nous fîmes bientôt comme eux, mais nous étions si embarrassés de nos petites baguettes, que nous ne pouvions nous regarder sans rire, et que nous saisissions à peine une bouchée pendant le temps qu'il fallait à nos amphitryons pour faire disparaître un plat entier. Comme nous avions peu de goût pour les vers et les intestins de poisson, nous attaquâmes les fruits confits, les légumes et les sucreries, qui nous parurent excellents. Un magnifique poisson, du riz, de nouveaux légumes, des fruits et du pain, formèrent le second service. Le pain ne fut servi qu'en dernier lieu. Chaque tranche contenait une boulette de pâte brune qui lui donnait un goût singulier. Pendant le souper, les chanteuses se tenaient debout derrière nous, et gardaient le plus respectueux silence. De temps en temps nous leur faisions passer quelques morceaux qu'elles acceptaient très-volontiers ; en revanche elles nous offraient du thé et du samchou, ou eau-de-vie de riz. Tous les quarts d'heure, un domestique apportait une serviette brûlante sortant d'une étuve, et chacun des convives se la passait sur la figure. Nous fûmes tout d'abord bien surpris de ce singulier usage ; mais nous sûmes bientôt que c'est un excellent moyen de se rafraîchir, et que l'on en retire un grand bien-être. Le seul reproche que l'on puisse adresser à cette pratique, c'est que la même serviette sert à tous les invités. Après le souper, qui fut très-gai, la musique recommença aussi discordante qu'au commencement de la soirée, et ne cessa qu'au moment de notre départ.

Les chanteuses du sin-soon sont loin d'être vertueuses, mais elles sont tout à fait insensibles aux attentions des Barbares et restent fidèles aux Chinois. Elles sont charmantes, aimables, et leur visage est toujours admirablement peint. Leurs cheveux sont arrangés avec beaucoup de goût. Elles donnent à leur coiffure la forme d'un papillon dont les ailes seraient étendues, et la maintiennent avec des fleurs et des aiguilles d'or et d'argent. Elles ont la main très-belle et laissent croître leurs ongles, qui atteignent des pro-portions démesurées. Comme elles appartiennent à la classe pauvre, elles n'ont pas les pieds déformés, ce qui à nos yeux est une perfection de plus. Elles portent aux bras et aux chevilles des bracelets d'argent ou de jade. Quelques-unes seulement ont le cou orné de col-liers. Lorsqu'il fallut nous séparer, plusieurs Chinois, abrutis par de nombreuses pipes d'opium, restèrent au sin-soon. Les autres voulurent nous accompagner et nous reconduisirent jusqu'au canot qui nous atten-dait pour nous ramener à bord.

Nous n'avons plus que quelques mots à dire des environs de la ville. Les soldats anglais mariés et les cipayes ont leurs logements à l'extrémité du faubourg qui s'étend au delà des casernes et qui conduit au cimetière. La route est entièrement creusée dans le roc, et l'on voit, en pénétrant dans une petite plaine, une colonne élevée par les Anglais à la mémoire des officiers qui ont succombé pendant la guerre de 1842. Le cimetière est déjà grand, et quelques pierres tu-mulaires portent le nom d'officiers français morts en ce lointain pays. Au delà du cimetière se trouve le champ de course, à l'entrée d'une vallée assez riante. On y voit de jolis jardins, des bois de bambou qui tran-chent avec les sombres sapins disséminés sur les pen-tes abruptes de la montagne. Enfin, sur le bord de la mer et à une lieue à peine de la ville se trouvent le collége de Saint-Joseph dont nous avons déjà parlé, et le palais d'un des plus riches négociants de toute la Chine. Les bureaux sont défendus comme une citadelle, et ses caves, remplies de piastres, sont protégées par une double rangée de canons. Au pied de la colline se trouve un village flottant composé d'un grand nombre de petits canots couverts connus sous le nom de zampans. Une populace innombrable les habite, et quand la mer est basse on voit, pêle-mêle, grouiller dans la vase une foule compacte d'hommes déguenillés, de femmes et d'enfants. Ce sont certainement les gens les plus misérables de toute l'île, qui ne trouvent de ressources que dans la pêche, le vol et la piraterie.

Le reste de l'île est d'une aridité excessive : un sentier tracé dans la montagne, dont la base est semée de nombreuses sépultures chinoises, conduit au sommet du pic de Victoria, point culminant de l'île sur lequel on a établi un sémaphore. De ce point l'œil embrasse tout l'archipel disséminé à l'embouchure de la rivière de Canton, et les navires qui viennent du large sont signalés longtemps avant leur arrivée sur la rade.

Le premier établissement des Anglais tend à reprendre de l'importance. Les casernes en sont encore abandonnées, mais on vient d'y établir de grands bassins de radoub, et, malgré son insalubrité reconnue par une première expérience bien cruelle, de nouvelles constructions s'élèvent à Abeerdeen.

La rade est fermée à l'est par la côte chinoise. Elle

offre la même aridité que les îlots disséminés dans la
mer qui la baigne, et l'on y voit çà et là quelques villages de pêcheurs et de pirates. En 1860, ce rivage
offrait un aspect très-animé. La plupart des troupes
que les Anglais avaient fait venir de l'Inde pour l'expédition de Chine y avaient dressé leurs tentes. On y
voyait à côté des cipayes deux magnifiques régiments
de cavalerie sike dont les brillantes manœuvres atti-
raient chaque jour un grand nombre de curieux.

La rade offre elle-même un magnifique coup d'œil,
et l'on s'imagine difficilement la quantité de navires
qui y entre et en sort chaque jour. Les grands clip-
pers américains, les beaux transports de la compagnie
des Indes, les nombreux paquebots de la Compagnie
péninsulaire, et les massives jonques chinoises la couvrent entièrement, et sont le signe irrécusable de
l'importance et de la splendeur de cette jeune et florissante colonie. Presque toutes les marines de guerre
sont représentées à Hong-Kong. Au mois d'avril 1860,
on voyait sur rade, l'escadre anglaise sous les ordres
de l'amiral Hope, une frégate et une corvette américaines, une frégate espagnole et une corvette hollan-
daise. La marine française y comptait une douzaine
de frégates à voile et de transports, sous les ordres de
l'amiral Page. Chaque jour de nouveaux navires arrivaient, et, à chaque instant, les salves des saluts se
succédaient à bord et à terre. Indépendamment de
leurs bâtiments armés, les Anglais ont aussi sur rade
trois vaisseaux démâtés qui servent d'hôpitaux, de
prisons et de magasins, et qui pourraient être mis
très-rapidement en état de reprendre la mer.

Le soir, toutes les lumières de la ville s'échelonnent
en amphithéâtre sur les flancs de la montagne, et la
rade étincelle des feux des navires. A huit heures,
toutes les musiques des bâtiments anglais et américains jouent sur le pont des airs de danse, et à neuf
heures, au moment du branle-bas, le *God save the
queen* se fait entendre à bord de la frégate amirale.
Les dernières notes sont couvertes par le bruit du
canon, auquel répondent les cloches de tous les navires. Puis tout se tait, et la nuit n'est plus troublée
que par les appels des factionnaires qui se répondent
d'un navire à l'autre, et par les cris des bateliers chinois qui reconduisent à leur bord les marins attardés.

Telle était à peu près la physionomie de Hong-Kong
en 1860, vingt ans après sa fondation. M. de Mas,
chargé d'affaires d'Espagne, écrivait à son gouvernement, quatre ans après les débuts de la nouvelle colonie, qu'elle ne serait jamais qu'un marché de circonstance, et qu'en dépit des énormes sacrifices
d'hommes et d'argent qu'elle coûtait à l'Angleterre,
elle ne pourrait servir que de port militaire et de refuge, en cas de danger pour les négociants établis à
Canton. Les prévisions de ce voyageur n'ont pas été
réalisées : il oubliait la persévérance et le génie colo-
nisateur des Anglais. La prospérité de leur établissement n'a fait que s'accroître, et le temps n'est pas
loin où Hong-Kong pourra rivaliser avec les plus belles
colonies que les Anglais ont élevées dans les mers de
l'Inde.

CANTON

PENDANT L'OCCUPATION ANGLO-FRANÇAISE

———

Canton est une des villes les plus anciennes et les plus importantes de toute la Chine. Cette capitale d'une des plus belles provinces du Céleste-Empire est restée longtemps fermée aux Européens. Après bien des tentatives inutiles, ils sont parvenus à y créer des factoreries dont l'incendie par les Chinois a été le signal d'une nouvelle guerre, que les Anglais et les Français ont entreprise en commun, et qui est à peine terminée. Le commencement des hostilités a eu lieu précisément à Canton, que les escadres alliées ont bombardé au mois de décembre 1857. Depuis lors, une garnison anglo-française l'occupe militairement. Lorsque nous avons visité cette ville, au mois de janvier 1861, les traces du bombardement n'étaient pas encore effacées, et le séjour des troupes européennes dans cette populeuse cité lui donnait un aspect tout particulier. La ville avait eu beaucoup à souffrir de la guerre, mais son commerce, entravé par les événements du début de la campagne et par les tentatives incessantes des rebelles campés à ses portes, se relevait, sous la protection des drapeaux alliés, des pertes nombreuses qu'il avait essuyées.

Canton est situé sur le Chou-Kiang, à vingt lieues de son embouchure. Il y a à peine dix ans, c'était tout un voyage que de s'y rendre de Hong-Kong ou de Macao, et il fallait recourir aux bateaux-poste chinois, lourdes machines que de nombreux équipages ont peine à faire mouvoir, et qui sont encore quelquefois attaquées par les pirates qui les guettent au passage. Aujourd'hui, c'est une promenade de quelques heures, et les communications journalières entre la colonie portugaise et Hong-Kong ont lieu par de rapides paquebots anglais et américains.

A peine a-t-on quitté l'un ou l'autre de ces deux ports que l'on traverse une mer parsemée d'îlots stériles et montagneux, sans cesse sillonnée par une multitude de jonques et de navires européens, et l'on arrive à Bocca-Tigris, où l'on pénètre dans la rivière. On y voit toujours une quantité de jonques prêtes à prendre la mer, et qui attendent, avant de continuer leur voyage, de se trouver en nombre suffisant pour se défendre en cas d'attaque. C'est habituellement la nuit que les pirates choisissent pour leurs expéditions : ils profitent de l'obscurité pour aborder les jonques, et toutes celles qui se laissent surprendre sont perdues. Leurs équipages sont massacrés et les marchandises passent à bord de leurs bateaux. Il n'est pas sans exemple que de petits bâtiments européens aient été enlevés par ces pirates qui ont des intelligences à Macao et à Hong-Kong, et qui sont toujours prévenus des convois ou des navires isolés qu'ils peuvent attaquer presque sans péril. Le vice-roi de Canton envoie bien contre ces forbans des jonques de guerre, mais elles semblent plutôt les éviter, leurs équipages paraissant persuadés qu'ils seraient battus, et les rencontres sont très-rares. Les armateurs préfèrent se défendre eux-mêmes, et ils prennent à leur solde des macaïstes qui, montés sur des lorchas bien armées et d'une marche rapide, protégent les lourdes jonques contre les tentatives des pirates, et les combattent, au besoin, avec succès.

Bocca-Tigris est aussi aride que les îles dont nous avons parlé. Les montagnes qui dominent l'entrée du fleuve étaient autrefois hérissées de batteries détruites par les Anglais pendant la guerre de 1842, et dont il ne reste plus que des monceaux de ruines. Les trois cents pièces de canon qui les défendaient ont disparu, et un bâtiment de guerre anglais au mouillage devant ces ruines imposantes semble encore les menacer. C'est maintenant un lazaret où les navires arrivant de la haute mer avec des malades viennent purger leur quarantaine avant de remonter le fleuve ou de se rendre à Hong-Kong.

A mesure que l'on pénètre dans l'intérieur, le fleuve se rétrécit de plus en plus, et des plaines fertiles entre-coupées de ruisseaux et très-soigneusement cultivées succèdent aux roches incultes qui forment son embouchure. Jusqu'à Vampoa l'aspect du pays est le même. Deux pagodes, tours élevées de sept ou huit étages qui dominent la plaine, sont les seules constructions que l'on aperçoit dans un rayon de plus de dix lieues.

A Vampoa le fleuve se bifurque et intercepte entre ses bras l'île sur laquelle est bâtie la ville. En ce point, le Choug-Kiang est littéralement couvert de vaisseaux, et toutes les nations européennes y sont représentées, ce qui a fait dire, avec juste raison, que Vampoa est le port européen de Canton. Au-dessus de ce point, la rivière n'est plus navigable pour les gros navires; et ils s'y arrêtent pour y attendre les chargements qui leur sont expédiés de Canton. Vampoa possède des bassins de radoub d'une grande importance et les plus renommés de toute la Chine. Ces bassins rendent la ville très-insalubre; les émanations infectes qui s'échappent de la vase dans laquelle ils sont creusés engendrent parmi la population misérable du port et surtout parmi les équipages européens de terribles fièvres pernicieuses qui font, chaque jour, de nouvelles victimes.

Les grands bâtiments au mouillage devant la ville sont entourés par une multitude de petits bateaux chinois habilement manœuvrés par des femmes dont la pêche n'est pas la plus lucrative industrie; les yoles légères des capitaines et des négociants qui sillonnent la rivière en tous sens contrastent par leur élégance avec les formes lourdes et bizarres des zampans chinois. L'intérieur de la ville est affreux; c'est un dédale de ruelles aussi étroites que sales, et il n'y a que quelques constructions européennes qui servent de magasins et de demeures aux commis que les grandes maisons de Hong-Kong et de Macao y envoient surveiller leurs intérêts.

Le paquebot ne s'arrête que quelques instants à

Vampoa, et reprend sa course, qui devient de plus en plus difficile à mesure qu'il approche de Canton. C'est avec peine qu'il parvient à se frayer un passage au milieu des jonques et des petits bâtiments, et à éviter les piquets des pêcheries. Enfin les hauteurs qui dominent la ville apparaissent, couronnées des pavillons anglais et français. Les pagodes et les yamouns aux toits découpés se dessinent de plus en plus, et le magnifique panorama de cette ville célèbre se déroule aux yeux des voyageurs.

Après avoir passé devant la douane chinoise et les canonnières anglaises en station à Canton, le paquebot laisse tomber l'ancre devant les anciennes factoreries. Il est aussitôt entouré de petits bateaux dont les équipages, entièrement composés de femmes, montent à bord et se disputent les passagers et les bagages. Armées d'un seul aviron, elles manient avec une habileté sans égale leurs lourdes tancas, et abordent très-rapidement à terre.

Lorsque je visitai Canton, il n'y avait pas encore d'hôtel, et il fallait absolument recourir à l'hospitalité des officiers qui y tenaient garnison. J'étais parti de Hong-Kong avec un ami que j'avais eu la bonne fortune d'y rencontrer, et qui s'était chargé de me faire visiter la ville qu'il n'avait pas quittée depuis le jour du bombardement. C'était une occasion que je n'eus garde de laisser échapper, et nous fîmes ensemble le voyage à bord de l'*Ondine*, petit aviso à vapeur frêté par le gouvernement français. Je ne pus descendre à terre que dans la soirée. On était prévenu de notre arrivée, et des chevaux nous avaient été envoyés sur

la plage. Je fus conduit à la trésorerie où je devais
.oger. J'y trouvai de nombreux camarades avec lesquels j'avais partagé les plus mauvais jours de la campagne de Cochinchine, et j'employai toute la soirée à
les revoir et à m'entretenir avec eux des événements
qui venaient de s'accomplir au Pet-chili, et de ceux
qui devaient avoir lieu dans la basse Cochinchine, où
la *Saône* allait bientôt se rendre. Plusieurs de ces officiers m'offrirent de me guider dans mes excursions,
et me donnèrent des renseignements très-précieux sur
les curiosités de la ville. Je dois dire que jamais l'hospitalité ne fut mieux pratiquée qu'à Canton. Tous les
officiers que leur service ou leur plaisir y appelaient
furent toujours l'objet des plus aimables prévenances
de la part de leurs camarades qui y étaient employés,
et tous ont conservé le plus charmant souvenir de la
cordialité avec laquelle ils y ont été accueillis.

Après une nuit qui me parut bien longue, tant j'étais
impatient de parcourir la ville, je commençai mes
excursions, et ma première visite fut pour la pagode
des supplices qui s'élève à quelques pas de la trésorerie.

Les pagodes sont en grand nombre à Canton, et bien
qu'elles soient construites sur un type uniforme, elles
présentent toutes quelque particularité digne de fixer
l'attention. Celle dont nous parlons est, sans contredit,
non-seulement une des plus curieuses de la ville, mais
de toute la Chine.

Après avoir franchi le parvis orné de deux énormes
lions de pierre, et le vestibule que semblent garder
d'affreux diables bleus et rouges, on pénètre dans les

cours intérieures. La pagode, en effet, se compose, comme toutes les autres, d'une série de kiosques séparés par des cours spacieuses et de magnifiques jardins. Les autels y sont nombreux, et leur richesse augmente à mesure que l'on pénètre dans les pavillons les plus reculés. Presque tous sont ornés de trois statues parfois de dimensions colossales, et dont le type est toujours uniforme. Elles représentent un Dieu entouré des deux esprits du bien et du mal, et sont peintes des couleurs les plus éclatantes ou entièrement dorées. Ce qui distingue surtout la pagode des supplices de toutes les autres, c'est que les deux premières cours sont bordées de niches latérales dont chacune contient la représentation d'un supplice. Les groupes qui forment cette horrible collection sont de demi-grandeur naturelle, et font un spectacle vraiment terrible. Tout ce que la cruauté la plus raffinée a pu imaginer d'affreux se trouve réuni dans ces galeries, exposé aux regards des visiteurs épouvantés. Cela n'empêche pas cette pagode d'être toujours pleine de Chinois. On y rencontre des vieillards et des enfants qui viennent contempler ces menaçantes images de la mort des criminels ou des disgraciés de l'empereur, ce qui, en Chine, est souvent la même chose. Les cours sont encombrées de devins et de diseurs de bonne aventure dont la présence peut sembler étrange dans un lieu pareil; mais en Chine, il ne faut s'étonner de rien, et une foule empressée se dispute les prophéties de ces exploiteurs de sa crédulité. On voit aussi, à toute heure du jour, des marchands de papier roulé en forme d'allumettes que les Chinois font brûler devant les autels, et dont ils jettent les cendres dans des vases en bronze remarquables par l'élégance de leur forme et le fini de leurs ciselures. Des marchands de fruits et des mendiants sont accroupis côte à côte, et se disputent à qui mieux mieux, à moins qu'ils ne jouent le produit de leurs recettes. Nulle autre part je n'ai vu en Chine de temple aussi fréquenté, nulle part non plus je n'en ai vu d'aussi terrible dans sa singularité.

Une des autres belles pagodes de Canton est celle de la longévité, dont les jardins sont renommés à juste titre. Ils sont remplis de rochers, de lacs, de ponts suspendus et de kiosques dont les formes sont aussi variées qu'élégantes. Les Chinois taillent leurs arbres de la façon la plus bizarre, et leur font représenter assez exactement des formes d'animaux et de fleurs. Ils s'appliquent aussi à fabriquer des arbres nains auxquels ils conservent leurs formes et leurs proportions; et les jardins de cette pagode en renferment une curieuse collection. On y voit aussi un très-beau bloc de marbre, couvert d'inscriptions gravées, et qu'on m'a dit être le tombeau d'un puissant mandarin.

Je visitai également la pagode de la cloche bâtie dans la vieille ville. Elle n'offre de remarquable que la cloche qui lui a donné son nom. Elle a été longtemps le sujet d'une légende prophétique que l'événement est venu justifier. Les Tartares prétendaie nt qu'en vertu d'une prédiction d'un de leurs prêtres les plus renommés, ils resteraient maîtres de Canton jusqu'à ce que cette cloche sonnât, et pour que cela n'arrivât jamais, ils en avaient prudemment enlevé le battant. Mais l'homme propose et Dieu dispose, et pendant le bombardement de la ville, un boulet parti d'un de nos navires vint frapper cette cloche, la brisa, et lui fit ainsi rendre un son auquel les Tartares étaient loin de s'attendre. La prédiction se réalisa, et le jour même nos troupes entrèrent à Canton. Cette cloche, d'un diamètre de six pieds, est placée dans une tour carrée, et soutenue par de forts piliers en maçonnerie. Elle est toujours privée de son battant, mais elle porte à son ouverture la trace ineffaçable du boulet qui l'a frappée.

Il faut aussi mentionner une autre belle pagode à laquelle les Européens ont donné le nom de pagode des cinq cents idoles. On y voit autant de statues colossales entièrement dorées, ainsi que les niches qui les contiennent. Enfin, pour en finir avec les monuments du culte chinois, il ne nous reste plus qu'à indiquer le temple d'Honnam dont on vante les magnifiques jardins; on y élève un grand nombre de cochons, sur lesquels veillent de nombreux servants. Toutes ces pagodes sont peu fréquentées, excepté, comme nous l'avons déjà fait remarquer, celle des supplices.

Le reste de la journée fut employé à visiter le faubourg de l'Ouest. On me donna pour guide un matelot français; je pris une chaise à porteurs, et je fus rapidement conduit aux portes de la ville. Je traversai un grand nombre de rues étroites et longues, entièrement dallées, et toutes occupées par des commerçants. Avant l'occupation, chacune de ces rues

avait à ses extrémités des portes en bois que l'on fermait le soir, et les habitants se cotisaient pour payer
des gardes de nuit. Aujourd'hui ces barrières n'existent plus, et les Chinois s'en rapportent, pour leur
sécurité, aux rondes répétées que font, à chaque instant, des gardes de police anglais et français. Toutes
les maisons des particuliers sont construites sur un
type qui ne varie jamais. Elles se composent d'un rezde-chaussée occupé par les boutiques, et d'un étage
peu élevé, qui sert de logement à toute la famille du
marchand. La circulation est difficile au milieu de
ces ruelles, où le mouvement des passants, le va-et-
vient des chaises à porteurs et des marchandises est
impossible à décrire. On ne rencontre que des hommes, car les femmes ne sortent qu'en chaises bien fermées, et, sans quelques marchandes de fruits et des
mendiantes qui stationnent au coin des rues, on pourrait facilement croire qu'il n'y a pas de femmes à
Canton. Les rues, déjà si encombrées, sont encore rétrécies par les enseignes en bois des marchands. Elles
sont placées verticalement et suspendues par leur
sommet, se balancent au moindre vent, et viennent
sans cesse heurter les passants. Toutes les rues de la
vieille ville et surtout celles du quartier tartare ont
reçu des noms français qu'on a choisis parmi ceux
des bâtiments qui avaient fait partie de la première
expédition de Chine. Je sortis de la ville par la porte
de l'Ouest, confiée à la garde d'un poste anglais, et je
pus voir en ce point les murailles de Canton, qui sont
restées intactes. Elles ont environ 50 pieds d'élévation sur 24 d'épaisseur, et sont entourées de fossés

habituellement desséchés, mais qu'il est facile d'inonder.

Le faubourg de l'Ouest est rempli de fabriques et de magasins. On y rencontre à chaque pas d'immenses bazars encombrés de soieries, de bronze, de laque, d'ivoire, de fourrures, et de tous ces objets confondus sous le nom de chinoiseries. Nous ne pouvions visiter toutes les boutiques, et il fallut nous contenter d'entrer chez quelques-uns des marchands les plus renommés. Leurs magasins présentent à peu près tous le même aspect : on y remarque invariablement dans la partie la plus reculée un petit autel surmonté de la statue en bois doré du dieu de la richesse. Une ou deux bougies de cire peinte brûlent sans cesse devant cette image. Le comptoir où se tient le marchand est placé près de la porte : il est orné de balances, d'une machine à compter, d'une pierre à encre et de pinceaux. Ces marchands sont très-polis, et il est bien difficile de sortir de chez eux sans leur laisser quelques piastres. Je vis ainsi les beaux magasins de porcelaine de Poing de Hushing, les ateliers du célèbre marchand de laque, Hippoa, et j'entrai en dernier lieu chez un marchand de bric à brac aussi vieux pour le moins que les bronzes et les porcelaines [au milieu desquels il se trouvait, et je terminai ma promenade par la visite de quelques boutiques de pharmaciens et d'herboristes. La plupart sont remarquables par l'élégance de leurs devantures et la richesse de leur étalage. L'intérieur de ces boutiques est garni de petits vases en porcelaine bleue et de tiroirs qui renferment les médicaments chinois. Un vieux pharmacien, homme grave et pourvu de lunettes, nous fit entrer dans son arrière-boutique et nous offrit une tasse de thé. En moins d'une demi-heure plus de cinquante Chinois entrèrent dans son officine, où de nombreux élèves préparaient les médicaments, sans jamais manquer de consulter de volumineux manuscrits placés sur un comptoir devant la place habituelle de leur maître.

Il fallut enfin songer à reprendre la route de la trésorerie : j'aperçus chemin faisant quelques mandarins sortant de chez le vice-roi. Ils étaient escortés de quelques soldats aussi pauvrement vêtus que mal armés. Je fus frappé de la pauvreté de leur cortége, mais j'appris plus tard qu'un riche entourage ne leur est pas nécesssaire pour se faire respecter. Les mandarins sortent accompagnés de bourreaux et de gens armés de lances de différentes formes en bois peint et doré. Ils sont en palanquin, et précédés d'un porteur de tam-tam qui frappe cinq, sept ou neuf coups suivant le rang du mandarin. Partout sur leur passage les Chinois s'arrêtent et se prosternent : ces marques de respect paraîtront moins étranges lorsqu'on saura que ces employés ont pour la multitude le triple prestige de la science, de la richesse et du commandement. Ils vivent isolés du reste de la population et n'ont de relations privées qu'avec leurs pareils. C'est ainsi qu'à Canton, occupé par des troupes européennes, il n'y avait pas même de gardes au palais du vice-roi.

Je traversai rapidement un champ de manœuvres où quelques Anglais faisaient l'exercice malgré le mauvais temps, et le champ de courses où l'on faisait des

préparatifs afin de recevoir lord Elgin, que l'on attendait chaque jour, et j'arrivai, enchanté de mon excursion, à la trésorerie.

Je fus frappé, dans cette première visite au faubourg,
de la quantité prodigieuse d'aveugles que je rencontrai à chaque pas. Ils circulaient dans les rues par
bandes de cinq ou six, se tenant l'un l'autre, et évitant
avec un tact exquis les chocs de la foule qui encom-
brait les rues. Ils vont ainsi mendier chez les marchands de comestibles qui les gratifient presque toujours du rebut de leurs magasins. Le nombre de ces
malheureux est si grand, que le gouvernement chinois a dû s'occuper de les recueillir, et qu'il a fondé
près de Canton un hôpital où ils sont reçus. Mais ils
ne peuvent y obtenir leur admission que lorsqu'ils
sont déjà d'un âge avancé.

Il serait temps, je crois, de dire deux mots du yamoun
où j'avais reçu une si cordiale hospitalité. C'était autrefois le palais du trésorier de la province devenu,
après la prise de la ville, le quartier général de la
garnison française. Ce palais entouré de murailles
élevées se compose d'une foule de bâtiments construits
sans symétrie au milieu de jardins aujourd'hui incultes, et séparés les uns des autres par de nouvelles
murailles. On se fera une idée de l'étendue de cette
habitation vraiment royale, quand on saura qu'avec le
logement du commandant français, elle contenait tous
les magasins des troupes, une ambulance considérable, les bureaux de l'administration, et de vastes écu-
ries. Au mois de février 1861, on y avait logé 800 soldats d'infanterie de marine. Enfin ce yamoun ren-

ferme aussi un parc considérable où l'on voyait encore quelques cerfs, que nos soldats y avaient laissés en paix depuis la prise de la ville.

Je sortis de nouveau dans la soirée avec un officier d'infanterie de marine que j'avais connu au Pei-ho et qui voulut bien me servir de guide. Notre excursion avait pour but de visiter les bateaux-fleurs établis sur la rivière. Nos porteurs nous firent rapidement franchir la distance qui nous en séparait. Toutes les rues que nous traversions étaient désertes, et les boutiques fermées. Nous ne vîmes que quelques agents de police qui faisaient tranquillement leur ronde. Les bateaux-fleurs étaient alors mouillés près d'une petite île cédée aux Européens pour y établir de nouvelles factoreries. Ils sont très-nombreux, parfaitement alignés et forment sur la rivière de véritables rues. Ce sont des cafés chantants, surtout remarquables par la richesse de leurs installations. La plupart sont couverts de dorures et tous sont éclairés par d'énormes lanternes de mille couleurs ornées d'inscriptions ou de dessins fantastiques. Les officiers français étaient alors très-bien reçus à bord des bateaux-fleurs, et les Chinois avaient pour eux mille prévenances. Nous montâmes sur l'un de ces bateaux, et je fus frappé du luxe de son aménagement. Partout se trouvaient les plus belles fleurs disposées en corbeilles et en bouquets. Des vases de forme élégante et de dimensions merveilleuses ornaient encore les cabines, séparées par des treillages de bambou où s'enroulaient des plantes grimpantes aux parfums pénétrants et aux couleurs variées. De vastes panneaux encadrant des sentences

religieuses et morales, et quelques tableaux complé-
taient la décoration. Les femmes qui habitent ces
bateaux et que les Chinois viennent y chercher, sont
vêtues avec richesse. Elles chantent comme dans les
sin-soon, à tour de rôle, des complaintes dont les airs
sont vraiment épouvantables pour les Européens, mais
qui paraissent ravir les Chinois qui les écoutent en
fumant avec la gravité qu'ils mettent à toutes leurs
actions. Il ne faut pas se montrer admirateur trop
passionné de prêtresses de ces bateaux-fleurs, car
les Chinois qui supportent la visite des étrangers
n'aiment pas les voir partager leurs plaisirs, et se ven-
gent de leur manque de discrétion en abandonnant la
place. Ils disparaissent les uns après les autres, les
lumières s'éteignent, et la prudence conseille alors
de les imiter et de ne pas s'exposer à leur colère.
C'était un curieux spectacle que toutes ces jonques
avec leurs mâts pavoisés de riches bannières et de
flammes éclatantes. Des milliers de sampans circulaient entre leurs longues files, et augmentaient encore l'animation du tableau. Les marchands qui les
montaient promenaient d'un bateau à l'autre des
oranges, des bananes, des letchis et des morceaux de
canne à sucre, dont les Chinois sont très-friands. Un
de ces sampans nous mit à terre, où nous attendaient
nos porteurs. Les rues qui aboutissent à la partie de
la rivière occupée par les bateaux-fleurs sont remplies
de fumeurs d'opium et de maisons de jeu. Malgré tous
les efforts de la police, et les nombreuses patrouilles
qui parcouraient ces quartiers pendant la nuit, il n'é-
tait pas prudent de s'y aventurer seul; nous les fran-

chîmes rapidement et sans encombre, et nous arrivâmes au yamoun dont les portes se refermèrent derrière nous.

Il me restait encore bien des quartiers à explorer,
et j'employai toute une matinée à parcourir le quartier sud de la ville. Il est beaucoup moins brillant que
celui de l'ouest, et aussi occupé par des marchands. A
Canton, comme dans toutes les autres villes de l'Empire, les artisans d'une même profession habitent à peu
d'exceptions près le même quartier. C'est ainsi que
dans une rue l'on ne trouve que des magasins de pipes;
une autre sera remplie de parapluies, d'autres seront
habitées par des marchands de lanternes, des pharmaciens. Il en résulte que tous les marchands rapprochés les uns des autres sont obligés de se faire concurrence, et ont des magasins toujours bien approvisionnés. J'entrai dans la rue des sculpteurs et je visitai plusieurs ateliers. J'y vis de très-beaux meubles,
des échiquiers, que l'on fabrique spécialement pour
les Européens, et après avoir fait quelques achats, je me
mis en quête de la Mosquée, située dans ce quartier.
J'étais sorti seul, et ne sachant à qui m'adresser, je ne
pus en trouver l'entrée. Je n'en vis donc que deux
tours circulaires superposées, qui s'élèvent au milieu
de ruines remarquables par leur antiquité. Je me
rendis ensuite au yamoun occupé par la commission
anglo-française qui gouverne la ville. Il est aussi considérable que celui de la trésorerie, possède comme
lui un beau parc et des jardins beaucoup mieux en-
tretenus. Il servait de caserne à la cavalerie et aux
employés de la police française. J'eus encore le temps

de courir à la porte du Nord dont la garde était confiée à un détachement français, et de monter au sommet de la colline où s'élève le quartier général des
Anglais. En revenant à la trésorerie, je parcourus des
rues entières occupées par des marchands de comestibles : j'y vis en courant des chapelets de rats, des
canards laqués enduits d'un vernis qui permet de les
conserver pendant un an, des nids d'hirondelles que
les riches Chinois paient au poids de l'or, et une foule
de mets de forme bizarre et d'odeur nauséabonde,
dont je n'ai jamais su le nom. En rentrant au yamoun
je trouvai l'ordre de quitter Canton le lendemain
matin, et de me rendre à Hong-Kong où j'étais rap-
pelé par le départ de *la Saône*. Je visitai en me rendant au bateau à vapeur les ruines du palais de Yeh,
dont il ne restait debout que quelques lambeaux de murailles, et dont l'emplacement a été depuis cédé à la
France par le traité de Pékin. Les missionnaires étaient
parvenus à se faire accorder ce terrain, et se proposent
d'élever une cathédrale sur la place même du palais
de l'ancien vice-roi de Canton. J'aperçus aussi les
ruines des anciennes factoreries européennes incen-
diées comme nous l'avons dit au commencement de la
guerre, et j'arrivai enfin à bord du transport français
la Durance où j'attendis l'heure du départ. Je partis
sans avoir visité Honnam, immense faubourg situé sur
la rive droite de la rivière, et où sont établis les négociants européens qui sont restés à Canton. Ils y vivent
en garçons. Ceux qui sont mariés laissent leurs femmes
à Macao ou à Hong-Kong. Leur principale distraction
consiste dans des courses en bateau. La plupart pos-

sèdent de jolies embarcations qu'ils entretiennent avec coquetterie, et qu'ils prennent plaisir à manœuvrer eux-mêmes.

La cloche du paquebot se fit entendre, et après avoir serré la main à quelques amis qui m'avaient accompagné, je laissai Canton. Je pus voir en passant rapidement les constructions qui s'élèvent sur l'île de Schamyl cédée aux Européens pour y rebâtir leurs maisons de commerce. Ils y seront désormais à l'abri des menaces et des attaques de la population. Les travaux sont poussés activement sur l'emplacement destiné aux Anglais et aux Américains, et ces deux peuples possèderont bientôt, à Canton, de beaux comptoirs. Les suivrons-nous dans cette voie ? D'après ce que nous avons vu, il nous est permis d'en douter.

MACAO

Vers le milieu du XVI° siècle, des navigateurs portugais, suivant la route que leur avait montrée Vasco de Gama en doublant le cap des Aiguilles, s'aventurèrent jusque sur les côtes de Chine, et y jetèrent les fondements d'une colonie longtemps florissante, mais qui s'achemine aujourd'hui vers sa ruine. Nous voulons parler de Macao, et c'est dans cette ville que nous allons conduire nos lecteurs.

Après la prise de Tourane, pendant que le corps expéditionnaire s'établissait sur cette aride presqu'île, des transports allaient chercher tous les mois les approvisionnements que des agents faisaient préparer à Hong-Kong et à Macao. *La Saône* partit à son tour et fit son premier voyage au mois de décembre 1859. Elle conduisait à Macao un convoi de malades et de blessés, qui devaient achever dans un hôpital français une convalescence que le climat de Tourane et les privations qu'ils y enduraient auraient rendue impossible.

Macao est situé sur une des îles qui occupent l'entrée du Si-Kiang. Sa rade, qui est vaste, est détestable, et les rares navires qui y apparaissent n'y séjournent que le moins possible. Le mouillage des grands bâtiments se trouve à une distance considérable de la ville, les communications qui sont difficiles s'effectuent au moyen de petits bateaux du pays, et il faut souvent cinq ou six heures pour faire la traversée. Nous avons fait plusieurs voyages à Macao, et jamais nous n'avons trouvé plus de huit ou dix bâtiments sur la rade. Les Portugais y entretiennent deux navires de guerre, un brick et une lorcha qui donnent de temps en temps la chasse aux nombreux pirates qui occupent les îles environnantes.

Macao est le plus ancien des établissements fondés en Chine par les Européens, et il a été longtemps sans rival ; mais son importance diminue chaque jour, et le voisinage de Hong-Kong lui a déjà porté un coup mortel.

La ville se compose de deux parties bien distinctes. La plus petite appartient aux Portugais, la plus considérable, entourée de murailles qui tombent aujourd'hui en ruine, est le partage de Chinois.

La colonie européenne s'est établie sur le bord de la mer, et ses maisons bordent un quai assez beau qui sert de promenade. Une petite batterie occupe le milieu de ce quai sur lequel s'élèvent le palais du gouverneur et quelques somptueuses habitations de négociants. L'hôpital français était alors situé à l'extrémité gauche, mais il devint bientôt insuffisant pour contenir les nombreux malades qui s'y rendaient de tous les points de la Chine ou de la Cochinchine, et il fallut chercher un nouvel emplacement que l'on trouva sur une colline qui domine la ville. On y installa un magnifique hôpital qui a été rendu aux Portugais à la fin de la guerre. A droite, la ville se termine brusquement au pied d'une colline sur laquelle s'élève un immense couvent fortifié.

Les établissements religieux sont en grand nombre à Macao, et cela s'explique par l'origine portugaise de la ville. On remarque encore aujourd'hui les restes d'un magnifique couvent qui a été détruit par un incendie. Il n'y a plus debout qu'une façade dont les sculptures ont disparu sous les plantes parasites qui l'ont envahie, et la préservent d'une ruine complète. Les quatre églises de Macao n'offrent rien qui soit digne d'intérêt, elles ressemblent aux édifices du même genre que l'on voit dans la péninsule espagnole, et le style mauresque domine dans leur architecture.

Les Portugais ont élevé au centre de leur concession un petit théâtre où les troupes dramatiques qui courent après la fortune dans ces pays éloignés viennent de loin en loin donner des représentations. En temps ordinaire, ce sont des amateurs, et principalement les officiers de la garnison qui jouent la comédie. Au mois de septembre 1860, ce théâtre à peine achevé a été en partie démoli par un épouvantable typhon qui dura trois jours, et causa dans cette ville de grands ravages. Ces ouragans ont lieu le plus souvent à l'époque des changements de mousson, et les Chinois les prédisent sûrement quelques jours à l'avance. Des myriades de sauterelles obscurcissent l'air, et un calme suffocant indique la prochaine explosion du typhon. Le vent s'élève et en quelques heures sème de débris les rues devenues désertes, emportant tout sur son passage. Les navires sont souvent jetés à la côte, et brisés sur les rochers, et les débris de sampans chinois viennent joncher le rivage. Une partie de la population se trouve ainsi sans abri, et le typhon qui devient pour le pauvre la source d'une grande misère, est pour tout le monde un sujet d'alarmes que de grands malheurs viennent de temps en temps justifier.

Le palais du Sénat a donné son nom à une petite place, tout près des anciennes factoreries hollandaises aujourd'hui désertes. Mentionnons enfin l'hôpital et la caserne bâtie sur la praïa, et nous arriverons à ce qu'il y a de plus curieux dans la ville, c'est le jardin du Camoëns. Tout le monde sait que cet illustre poète fut exilé à Macao et qu'il y composa le poëme de *la Luisiade* qui l'a immortalisé. Le jardin où il se plaisait·à travailler et qui renferme son tombeau est aujourd'hui la propriété d'un négociant portugais trop pauvre pour l'entretenir; il a suivi les destinées de la ville, et ne sera bientôt plus qu'un souvenir. Il ne faut plus songer à conserver les beaux ombrages où le poète venait se recueillir, et l'on peut prévoir le moment où il n'en restera plus que des ruines ensevelies sous des plantes incultes. Les herbes ont déjà envahi les vastes allées où les arbres magnifiques du tropique entremêlent leurs branches, et où les palmes aériennes des cocotiers et des bambous élégants contrastent avec la sombre verdure des tamarins et les impénétrables rameaux des ficus et des banians. Chaque typhon fait écrouler des pans de murs et des rochers qui ne semblent se tenir debout que par un miracle d'équilibre. Ce jardin était autrefois égayé par des

kiosques élégants, des terrasses d'où l'on jouissait
d'une vue admirable et de magnifiques volières. Aujourd'hui les kiosques tombent en ruines, les terrasses
s'ensevelissent lentement et les volières à moitié détruites sont entièrement dépeuplées. On montre encore une grotte où Camoëns aimait à se reposer, elle
est devenue son tombeau. Ce monument n'est intéressant que par le souvenir qui s'y rattache. Il se compose du buste du poète qui surmonte un bloc de
granit modestement entouré d'une grille de bois en
mauvais état. Les quatre faces du piédestal sont ornées d'inscriptions portugaises et chinoises. On y remarque aussi quelques vers dus à un voyageur français, M. de Rienzi. Un registre placé près du tombeau
est destiné à recevoir les noms des visiteurs, et bien
peu d'officiers ont manqué de s'y inscrire. Le jardin
renferme aussi un observatoire que l'infortuné La
Peyrouse y avait fait élever, et qui est resté intact
en dépit du temps, et de l'incurie des Portugais.

La population européenne de Macao est à peine de
deux ou trois mille habitants, et sur ce nombre il n'y
a que très-peu de Portugais qui sont pour la plupart
des employés du gouvernement, et les hauts dignitaires du clergé. Les principales nations européennes
sont représentées dans la ville. Avant le traité de Pékin, le consul général de France résidait à Macao qu'il
a abandonné pour se rendre à Tien-Tsin. Il y a encore
à Macao plusieurs négociants anglais et américains.
Nous avons entendu dire par les officiers de l'escadre
qui nous avaient précédé dans les mers de Chine que la
société y était très-agréable, et que l'on y donnait des

fêtes charmantes. Mais il paraît que les guerres dont la Chine vient d'être le théâtre y avaient arrêté les plaisirs du monde, car il n'y eut aucune fête pendant les différents et longs séjours que nous avons faits.

Les Espagnols ont élevé à Macao un couvent qui appartient à la riche confrérie des Dominicains. Ils jouissent dans la ville d'une influence méritée, et les missionnaires qu'ils envoient au Tonkin viennent y attendre, pour se rendre dans leurs paroisses, les occasions qui leur feraient défaut dans les îles Philippines.

Les sœurs françaises de la Sainte-Enfance ont à Macao une succursale de leur principal établissement qui se trouve à Hong-Kong. Elles y rendent de grands services, car les expositions des enfants sur la voie publique sont très-fréquentes. Il nous semble que le gouvernement chinois doit être seul responsable de ces infanticides, puisqu'il n'a pas trouvé moyen d'en tarir la source, en donnant asile à ces victimes de la misère encore plus que de la débauche. Les Chinois ont un sentiment de prédilection pour leurs enfants mâles, et font peu de cas des filles, qui sont considérées comme un fardeau et abandonnées d'autant plus volontiers, qu'elles sont moins utiles à la famille. C'est ce qui fait qu'il y a chez les sœurs beaucoup plus de petites filles que de petits garçons.

Les Portugais ont contracté de nombreuses alliances avec les Chinois, et il en est résulté une race de créoles connus sous le nom de Macaïstes. Ils s'intitulent en même temps Portugais, mais ils sont aussi antipathiques aux Européens, dont ils usurpent le nom, qu'ils

sont détestés des Chinois. C'est une race abâtardie qui
a tous les vices des deux peuples qui lui ont donné
naissance, sans avoir aucune des qualités qui les distinguent. Ils sont petits, ont le teint cuivré, les yeux
noirs, et toutes les formes grêles. Leur paresse n'a d'égal
que leur orgueil. Plusieurs sont adonnés à la piraterie,
et c'est aussi parmi eux que les armateurs chinois
recrutent les chefs et les défenseurs des convois que
forment les jonques de commerce. Les femmes macaïstes ont aussi très-peu d'attraits, et leur costume
n'est pas fait pour les embellir. Elles ont la tête enveloppée d'un voile de couleur sombre qui leur cache
presque tout le visage. On leur voit à peine le bout du
nez, et l'on n'a guère envie de pousser son investiga-
tion plus loin. Leur démarche est nonchalante, leur
vieillesse est anticipée, et elles atteignent en veillis-
sant un embonpoint démesuré. Elles sont de mœurs
assez faciles, ce qui ne les empêche pas de s'adonner
à toutes les pratiques de la dévotion la plus exagérée,
et on en voit toujours un très-grand nombre dans les
églises et dans les chapelles des couvents.

La vie est chère à Macao, mais on y trouve tout ce
qui est nécessaire, et le choix qu'on avait fait de cette
ville pour y établir un hôpital, était mérité. Les hôtels
laissent beaucoup à désirer. L'étroitesse des rues s'op-
pose à ce qu'il y ait des voitures. et l'on est obligé de
faire toutes les courses en chaise à porteurs. Le soir les
dames européennes se font conduire sur le bord de la
mer, où la musique de la garnison se fait entendre
jusqu'au moment où les cloches de toutes les églises,
sonnant à toute volée, indiquent l'heure de la retraite,

Telles sont les particularités les plus dignes d'intérêt que présente la partie européenne de la ville. Il est temps de franchir le mur à moitié écroulé qui la sépare de la demeure des Chinois, et de pénétrer dans les ruelles qui la composent et en forment le plus inextricable labyrinthe que l'on puisse imaginer. Les Européens n'y vont que très-rarement, et il n'est pas prudent de s'enfoncer le soir dans les quartiers qui avoisinent le port, car ils servent de repaire à une population flottante de voleurs, que les jonques y débarquent de tous les points de la Chine. Au surplus, la partie chinoise de la ville n'offre rien de particulier; on n'y remarque que quelques maisons d'un aspect un peu plus monumental que le reste des constructions chinoises. Elles sont ornées de sculptures qui ne sont pas sans mérite, et qui représentent le plus souvent des animaux fantastiques; la maison de la douane est la plus belle. Le soir nous retrouvons la même profusion de lanternes et la même population compacte et bruyante à laquelle nous ont déjà habitué nos différents séjours dans les autres parties du Céleste Empire.

Nous avons déjà dit que Macao possède un port intérieur. On n'y voit que quelques navires européens d'un faible tonnage; mais les lourdes jonques y sont en grand nombre. Elles y attendent désarmées que la mousson favorable leur permette d'entreprendre leur campagne annuelle. Les jonques parties, le port redevient désert et tranquille, et ne sert plus d'asile qu'à de petits bâtiments qui font le cabotage avec les villes voisines, principalement Hong-Kong, Wampoa et Canton, navigation dangereuse, et que les audacieuses entreprises des pirates rendent pleine d'imprévu. Ces pirates sont, dit-on, les plus redoutables de la Chine, et ils exercent leurs rapines jusque dans la rade de Macao, malgré les batteries de la ville et les canons du stationnaire. Il ne se passe pas, pour ainsi dire, de jour sans qu'ils fassent quelques victimes, et pendant le séjour de l'escadre française à Castle-Peak il est arrivé maintes fois que les sampans qui portaient les provisions ont été pillés pendant leur courte traversée. Plus récemment ils ont osé attaquer un petit steamer qui se rendait de Hong-Hong à Macao, et, sans le courage de quelques Français qu'ils ne s'attendaient pas à trouver à bord, ils s'en seraient emparés. Ils se cachent dans les îles qui entourent le port, et fondent à l'improviste sur les jonques et les petits navires de commerce qui ont l'imprudence de passer trop près des îles, et qu'ils pillent en un instant.

Le port intérieur sert aussi de demeure à une population féminine particulière, et dont on ne retrouve que des vestiges dans les autres villes chinoises. Nous voulons parler des tancadères. On nomme ainsi de jeunes batelières chinoises qui montent de petits canots appelés tancas, et qui conduisent les passagers à bord des jonques amarrées dans le port ou des bâtiments mouillés en petite rade. Leurs tancas ont la forme de petites jonques et n'ont rien de commun avec les embarcations européennes. Elles supportent une toiture en bambous tressés qui soustrait les passagers à tous les regards, et sont munies de bancs, de nattes et d'oreillers en paille, sur lesquels on peut s'asseoir ou se coucher pendant le trajet. Les tancadères

sont habituellement deux dans chaque embarcation.
Pendant que l'une reste sous la tente, l'autre se tient
en dehors et se sert pour diriger son canot d'un seul
aviron fixé à l'arrière. Le costume de ces batelières se
compose d'une courte robe en coton, à larges manches
fermant sur le côté, et de larges pantalons de même
étoffe qui laissent la cheville à découvert. Elles ont la
tête couverte d'un mouchoir en cotonnade anglaise
plié en triangle qu'elles attachent sous le cou, ou
qu'elles laissent librement flotter en arrière, et quelquefois un vaste chapeau conique à larges bords en
paille tressée. Leurs bras et leur cou sont ornés de
bracelets et de colliers en verroterie ; elles n'ont aucune chaussure. Elles gardent dans leurs canots leurs
enfants, elles les portent sur le dos lorsqu'elles travaillent. Ils y sont retenus par un carré d'étoffe rouge
ou noire fixé à la ceinture par des bretelles de même
couleur. La nuit elles couchent dans leurs tancas,
qu'elles n'abandonnent jamais, et qu'elles tiennent
amarrés près du quai, à l'entrée des rues populeuses,
afin d'être prêtes à recevoir à toute heure les passagers qu'elles se disputent en dépit des employés de la
police, qu'elles n'ont pas l'air de beaucoup redouter.

Près du port intérieur est une pagode située sur un
emplacement très-pittoresque : c'est une des curiosités de la ville. Elle se trouve enclavée au milieu de
rochers dont les différents étages sont occupés par de
petits pavillons, où l'on pénètre par des ouvertures
rondes, ovales ou de formes irrégulières. Elle est
connue sous le nom de pagode du Rocher, et très-
fréquentée par les Chinois.

Les magasins de Macao n'offrent rien de particulier.
Ils sont beaucoup moins bien approvisionnés que ceux
de Hong-Kong. Macao ne possède pas de fabriques, et
les curiosités qu'on s'y procure viennent de Vampoa
et de Canton. La concurrence étant moins grande, les
chinoiseries y sont à bien meilleur marché qu'à Hong-
Kong, où sont les principaux dépôts des fabriques de
toute la Chine.

Les sin-soon sont en très-grand nombre à Macao.
Ils sont fréquentés aussi bien par les Macaïstes que
par les Chinois. Ces derniers y sont toujours en majo-
rité, et leurs débauches nocturnes sont souvent en-
sanglantées. Une rue tout entière est remplie de ces
établissements, dont quelques-uns sont richement dé-
corés, et possèdent de belles terrasses qui donnent sur
le port intérieur. Les maisons destinées aux fumeurs
d'opium ne sont pas rares dans les rues qui avoisinent
le port, ce sont comme les sin-soon, le siége des scènes
de la licence la plus effrénée. Les tripots sont tout à
côté, et leurs propriétaires payent au gouvernement un
impôt considérable. Chaque soir Macaïstes et Chinois
envahissent ces établissements qui sont souvent le siége
de scènes violentes et jouent avec acharnement tout
l'argent qu'ils possèdent. Le jeu de pair et impair est
celui qui attire le plus d'amateurs. La police fait des
rondes fréquentes autour de ces maisons, ce qui n'empêche en aucune façon que ceux que le sort a favorisés
ne soient dévalisés et même tués par leurs partenaires
moins heureux.

Les Chinois ont aussi un goût très-vif pour les représentations scéniques, et l'art théâtral est cultivé

depuis longtemps dans tout l'Empire. Outre les acteurs ambulants qui dressent leurs tréteaux dans les rues d'un grand nombre de villes, quelques cités importantes ont des théâtres qui sont très-fréquentés, et sur lesquels d'excellentes troupes dramatiques viennent à époque fixe donner des représentations. Cependant le théâtre est plutôt toléré que permis en Chine. Au commencement de ce siècle, les officiers de l'empire ne pouvaient entrer dans un théâtre qu'après avoir enlevé de leurs bonnets les marques distinctives de leurs dignités, et dans sa description de la Chine, Davis raconte qu'un empereur fut privé des honneurs funèbres pour s'être rendu coupable d'une trop grande passion pour la comédie. C'est à Macao que nous avons assisté pour la première fois à une représentation donnée sur le théâtre de la ville par une de ces troupes ambulantes qui exploitent tour à tour les ports du littoral. Le théâtre s'élevait à l'extrémité du quartier Chinois : c'était un grand bâtiment construit en bambous et en nattes, pouvant contenir environ deux mille personnes. Comme les pièces durent très-longtemps, les spectateurs entraient et sortaient à tous moments, sans s'inquiéter du trouble que ce va-et-vient continuel occasionnait. La comédie que nous avons vu jouer devait être très-amusante, à en juger par les rires qui éclataient à chaque instant dans la salle. Nous n'avons pu naturellement qu'apprécier le jeu des acteurs qui nous a paru très-animé, et qui nous a donné une bonne idée de leur talent mimique.

Un employé du consulat qui avait bien voulu nous

accompagner, nous exposa sur l'art dramatique les
renseignements qui vont suivre. Les Chinois n'ont
aucun égard pour les trois règles qui régissent en
France le théâtre classique, et n'observent aucune des
trois unités de temps, de lieu et d'action. Il n'existe
pas non plus de distinction bien marquée entre le
drame et la comédie; le sujet et le ton du dialogue
sont les seules limites qui séparent les deux genres.
Les pièces ne sont pas divisées par scènes, et chaque
acteur en se présentant pour la première fois décline
son nom, et fait connaître le rôle dont il est chargé. Le
dialogue est interrompu de temps en temps par des
morceaux de chant qui affectent bien désagréablement
des oreilles européennes, et l'usage des chœurs est
inconnu. Il arrive souvent que le même acteur soit
chargé de rôles différents dans la même pièce, et il a
soin d'avertir les spectateurs à mesure qu'il représente de nouveaux personnages. Les femmes sont sé-
vèrement exclues de la scène et leurs rôles sont
remplis par des jeunes gens et des eunuques. Les
Chinois ne se servent pas de décors de théâtre, mais
les costumes des acteurs brillent de la plus grande
richesse. Ils ont recours pour les besoins de la pièce à
des expédients singuliers. Ainsi, un personnage doit-il
indiquer qu'il fait un voyage, l'acteur qui est chargé
du rôle parcourt la scène à cheval sur un bâton et
armé d'un fouet; lorsqu'il s'arrête, il avertit le public
qu'il est arrivé au but de son voyage. Il paraît que
dans quelques villes, les directeurs de théâtre font
servir le thé aux spectateurs, et font placer de distance en distance de petites bougies en cire rouge pour

allumer les pipes. Celui de Macao n'avait pas eu cette attention. Les théâtres publics dont l'entrée ne coûte que quelques sapèques, ne sont fréquentés que par le peuple ; les riches font venir chez eux les acteurs, et lorsqu'ils donnent des fêtes, ils joignent presque toujours l'amusement du théâtre aux délices du festin. Leurs femmes peuvent assister aux représentations sans être aperçues, et elles voient les acteurs à travers des stores qui les dérobent elles-mêmes à tous les regards.

Les médecins et les pharmaciens chinois sont nombreux à Macao, et leurs officines sont tenues avec beaucoup de soin. On peut dire de la médecine qu'elle est encore dans l'enfance de l'art ainsi que la chirurgie. La plupart des livres qui traitent de ces sciences sont très-anciens, et se transmettent dans quelques familles. Plusieurs savants prétendent que les Chinois connaissaient la circulation du sang bien avant qu'Harvey l'eût fait connaître en Europe. En tout cas, il est certain que cette découverte est restée pour eux sans résultat. La vaccine y a été introduite par un chirurgien Anglais ; mais cette utile pratique se répand bien lentement, et les épidémies de petite vérole qui sont fréquentes, font chaque année de nombreuses victimes. Le préjugé religieux qui prescrit de respecter la dépouille des morts, s'opposera longtemps à l'essor de la chirurgie, et les tentatives d'un empereur qui avait chargé un missionnaire de traduire en langue chinoise un ouvrage d'anatomie sont restées jusqu'à présent sans effet.

Deux mots seulement pour en finir sur le gouvernement de la ville. L'autorité se partage entre un gouverneur portugais et un mandarin chinois. Ce dernier est de beaucoup le plus puissant. Plusieurs gouverneurs portugais ont été assassinés impunément, et ce malheur est arrivé à presque tous ceux que leurs talents rendaient suspects aux Chinois. Depuis 1845, Macao est un port franc, mais son commerce devient de moins en moins important.

Les environs n'ont rien de remarquable. Le sol de l'île est d'une aridité excessive. Les villages nombreux et peuplés qui entourent la ville, sont composés de cabanes en bambous, et sont principalement occupés par des maraîchers dont les jardins sont très-bien cultivés. Quelques pagodes sans importance sont disséminées sur différents points de l'île, et sont peu fréquentées; enfin les campagnes sont couvertes de nombreux tombeaux.

AMOI

Dans les premiers jours du mois de mai 1860, tous les bâtiments venus de France pour l'expédition de Chine se trouvaient réunis à Hong-Kong. Après plusieurs jours consacrés à donner quelque repos bien nécessaire aux troupes qui venaient de faire une si longue traversée, et à renouveler les approvisionnements et le charbon, plusieurs transports et toutes les frégates à voile reçurent l'ordre d'appareiller et de se rendre à Wo-Sung, à l'embouchure du Yang-tsé-Kiang, où l'amiral Charner attendait à bord de *la Renommée* la réunion de l'escadre qu'il devait conduire devant le Pei-ho. *La Saône* partit dans la matinée du 2 mai, après avoir embarqué environ cinq cents coolies chinois, engagés pour accompagner les troupes après leur débarquement, et leur épargner les plus rudes corvées de la campagne qui allait commencer.

La navigation dans les mers de Chine est très-pénible à cette époque de l'année ; la mousson de N.-E. qui souffle sans relâche rend périlleuse et longue la route du nord, et le détroit de Formose, qu'il nous fallait franchir, est fertile en tempêtes et en naufrages. A peine avions-nous perdu de vue la rade de Hong-

Kong que le vent commença à souffler avec violence et que la mer devint très-grosse. Nous pûmes cependant continuer notre route toute la journée, mais pendant la nuit le vent augmenta de plus belle, de lourds paquets de mer vinrent à chaque instant assaillir *la Saône*, et déferlant sur le pont, inonder les nombreux passages qui l'encombraient. De graves avaries survenues dans la mâture, et une voie d'eau qui se déclara, nous obligèrent alors à chercher un refuge sur la côte de Chine, et nous pûmes atteindre heureusement une des baies nombreuses qui bordent la côte. Nous y laissâmes tomber l'ancre.

La baie de Good-Hope où le gros temps nous retint quelques jours est défendue par un fortin que nous apercevions du mouillage, et s'arrête devant un grand village dont les habitants font leur principale occupation de la pêche. La prudence ne nous permettait pas de descendre à terre pour le visiter, mais chaque jour de nombreuses barques venaient offrir à bord de *la Saône* du poisson et quelques volailles. Enfin le vent se calma, et nos réparations terminées, nous reprîmes une seconde fois la mer, espérant bien arriver sans de nouvelles relâches jusqu'à Wo-Sung,

Il nous fallut, pour nous éloigner de la côte, passer auprès de plusieurs pêcheries, et nous eûmes quelque temps sous les yeux un spectacle rempli d'intérêt. Une nombreuse flottille de jonques, sortie le matin de la baie de Good-Hope et réunie aux bateaux pêcheurs du village voisin, tenait la mer, et la couvrait sur une immense étendue. Les évolutions rapides de tous ces bateaux, l'ordre qui paraissait y présider, étaient pour nous pleins d'attrait. Au coucher du soleil, tous les pêcheurs se séparèrent pour regagner leurs villages, et, naviguant de conserve, disparurent ensemble à nos yeux. Un de nos passagers nous donna sur ces pêcheries quelques détails que nous allons consigner.

Toutes les barques d'un même village s'unissent pour pêcher ensemble, et le poisson est partagé entre tous les pêcheurs. Certains villages arment plus de deux cents barques, et nous avons été témoin que ce nombre n'a rien d'exagéré, qui, une fois rendues sur le lieu de pêche, forment un immense cercle, et obéissant aux signaux que font des chefs placés de distance en distance, rétrécissent peu à peu le cercle, et se rapprochent jusqu'à se toucher. D'autres barques pleines de Chinois qui font avec les gongs et les tamtams le plus épouvantable tapage, rabattent le poisson, et à un signal des chefs dont les navires portent de petits pavillons, tous les filets sont levés en même temps. Ce fut une pêche de ce genre que nous vîmes en laissant notre mouillage. Il arrive bien souvent que des pirates jettent l'effroi au milieu de ces pêcheurs. On les voit alors s'enfuir dans toutes les directions, et gagner leurs villages où ils ne sont pas toujours à l'abri de leurs redoutables ennemis qui les poursuivent et les rançonnent.

Un vent violent accompagné de pluie s'éleva dans la soirée ; la voie d'eau qui s'était déclarée dans notre précédente traversée, et qu'on n'avait pu aveugler suffisamment pendant notre relâche, reparut avec plus de force ; un nouveau temps d'arrêt devint encore indispensable, et à notre grand regret, nous arrivâmes à Amoi dont nous allons esquisser le tableau.

Nous connaissions assez la Chine pour être sûr que nous ne trouverions rien d'intéressant pour nous, dans ce nouveau port où les hasards d'une navigation difficile nous avaient conduit. L'uniformité des hommes et des choses est en effet la trace caractéristique du Céleste Empire. Toutes les villes chinoises se ressemblent, et Amoi ne se distingue en rien de celles que nous avions déjà visitées. Amoi est situé sur le détroit de Formose, dans une petite baie protégée par plusieurs îles montagneuses, et d'un accès difficile. C'est après Fou-tchou-fou la ville la plus importante de la province de Fo-kien, et elle compte environ 200,000 âmes. Les Anglais s'en sont emparés en 1852. Ils ne devaient la conserver que pour assurer le paiement de l'impôt stipulé par le traité de Nankin, mais ils s'y sont définitivement établis, et il est certain qu'ils y resteront.

Un stationnaire protége de ses canons les rares Européens établis dans la ville. On n'y rencontre que quelques agents consulaires des puissances maritimes de l'Europe, des employés de la Compagnie péninsulaire orientale, quelques commis des principales maisons de commerce de Shang-Haï et de Hong-Kong, et deux ou trois missionnaires anglicans qui s'y sont exilés avec leurs familles, et qui ont fondé une école où ils distribuent des bibles. Le quartier qu'ils habitent est situé sur le bord de la mer, au nord de la ville, et n'offre rien de remarquable. Il n'y a que des magasins où les navires s'approvisionnent et des bureaux. Presque tous les Européens ont fait élever sur la petite île de Kolong-sou des maisons entourées de jardins, où ils se retirent chaque soir. Cet îlot est si rapproché de la ville que l'on peut s'y rendre en canot en moins de dix minutes. On y voit encore quelques ruines d'anciens villages chinois et des bonzeries abandonnées. De nombreux tombeaux s'élèvent à chaque pas au milieu des champs de riz admirablement cultivés. D'énormes blocs de rochers donnent aux bords de cette île un aspect très-pittoresque. Ils sont pour la plupart couverts d'inscriptions, gravées depuis leur sommet jusqu'à leur base ; du haut de ces rochers qui affectent les formes les plus bizarres on jouit d'une vue charmante. On voit à ses pieds la rade couverte de jonques nombreuses, mouillées en files régulières, puis la ville dont une partie s'élève en amphithéâtre ; enfin l'œil s'égare à l'horizon sur une multitude d'îlots occupés par des pirates qui font une guerre acharnée aux caboteurs qui fréquentent ces dangereux parages. Ici comme partout ailleurs, les jonques de guerre n'ont qu'une intervention impuissante, et ramènent rarement des prises dans le port d'Amoi.

La ville est visitée chaque année par le choléra. Les Européens se réfugient alors sur l'île de Kolong-sou, où ils sont presque toujours à l'abri du fléau qui fait parmi la population indigène de nombreuses victimes. La mortalité effrayante qui a lieu à chacune de ces nouvelles épidémies peut expliquer les émigrations nombreuses des habitants de la ville et des faubourgs, qui se hâtent d'aller chercher sous des climats moins meurtriers une existence plus facile et plus agréable.

Amoi n'offre aucune distraction aux étrangers. Lorsqu'on s'est promené dans le dédale de ses rues tortueuses, que l'on a examiné une église anglicane qui n'est pas encore achevée et fait le tour d'un beau bassin de radoub, on n'a plus rien à voir, et l'on n'a d'autres ressources que de retourner à bord ou d'aller s'asseoir dans une petite taverne située sur le quai et tenue par un Portugais. On y trouve pour se distraire un détestable billard, et pour se désaltérer de l'eau-de-vie et de la bière de mauvaise qualité. Des commis et quelques patrons de navires caboteurs sont les hôtes habituels de ce triste établissement où nous étions obligés de nous arrêter chaque jour. Le propriétaire de la taverne se plaisait à nous raconter ses aventures au milieu des pirates qui l'avaient gardé prisonnier pendant fort longtemps; ou bien, sur un signe de lui, un des Chinois qui lui servaient de domestiques saisissait la manivelle d'un orgue de barbarie détraqué, et nous avions le plaisir d'entendre les uns après les autres tous les airs nationaux de l'Europe. Nous ne nous attendions guère à être poursuivis par un orgue de barbarie jusqu'au milieu du Fo-Kien. Malgré les histoires de l'hôte et en dépit des charmes de la musique, nous ne restions au café que le temps d'attendre les guides qui nous dirigeaient chaque jour dans nos promenades.

On ne peut visiter la ville que pendant le jour, et il est très-prudent de ne pas s'aventurer seul au milieu de ses rues obscures, étroites et tortueuses, où il faut à chaque instant monter ou descendre des escaliers rapides et glissants. Les habitants ont conservé pour

les Européens la haine implacable de leurs pères, et
des meurtres souvent répétés ont été les châtiments
d'excursions aventureuses, ou de visites indiscrètes
dans les habitations. Il faut donc prendre un guide,
et chaque jour des Chinois déguenillés venaient à la
taverne, se mettre à notre disposition pour nous faire
parcourir la ville. On était bien obligé de les suivre
aveuglément, et ils ne manquaient jamais de nous
conduire dans les quartiers les plus sales et les plus
encombrés, où nous avions peine à avancer au milieu
des portefaix et des marchands qui nous regardaient
curieusement.

Nous retrouvons à Amoi la concentration des mêmes
industries dans les mêmes quartiers. Une rue tout
entière est occupée par les marchands de curiosités :
c'est, sans contredit, la moins sale de la ville; elle
n'est cependant bordée que de boutiques basses, hu-
mides, et privées de lumière. On peut s'y procurer
quelques vieux bronzes, et différents objets taillés dans
des blocs d'argile tirée d'une carrière des environs.
Mais Amoi est surtout renommé par les jolies racines
sculptées dont on fait un grand commerce. On n'y
trouve pas de porcelaine, et les soieries, bien qu'en
très-grande quantité, sont de qualité inférieure. Il
faut aussi citer parmi les produits de l'industrie locale
des papiers et des bambous tressés et peints avec beaucoup d'originalité.

La ville se partage en deux parties bien distinctes :
l'une, entourée de murailles à moitié démantelées,
n'occupe qu'un espace resserré; c'est la ville militaire, demeure des mandarins et de leurs soldats;

l'autre, sans enceinte, est exclusivement le partage
des marchands, et constitue les faubourgs qui s'étendent du côté de la mer, sur une étendue de deux ou
trois milles.

Les pagodes de l'enceinte fortifiée, et les yamouns
des mandarins n'offrent rien de remarquable. Il est
vrai qu'il n'y a à Amoi que des mandarins de classe
inférieure; les principaux magistrats et le gouverneur
du Fo-kien ont leur résidence à Fou-tchou-fou.

Passant un jour devant la demeure du mandarin
de la justice, nous essayâmes de pénétrer dans la salle
d'audience; mais la foule était si compacte, qu'il nous
fallut renoncer à notre entreprise. Nous avons aperçu
cependant quelques malheureux que l'on venait de
torturer, et qu'on ramenait à la prison. Rien n'est plus
affreux que les prisons des Chinois. Elles sont cachées
à tous les yeux, et les malheureux que les mandarins
y font enfermer pour des délits souvent futiles et quelquefois imaginaires, n'ont pour abri que des cachots
sans lumière, et presque sans air. On les entasse pêle-
mêle, et on leur jette à peine quelques poignées de
riz. Ces prisons deviennent le tombeau d'un grand
nombre de coupables qui y sont enfermés, et qui ex-
pirent à la suite des privations et des tortures qu'on
leur inflige.

C'est à peine si, pendant nos promenades, nous
avons entrevu quelques Chinoises. Elles se cachaient
derrière leurs portes à notre approche. Leur costume
ressemble à celui des femmes de Canton. Leur coiffure est seulement un peu différente. Elles mêlent
des fleurs et des ornements de jade à leurs cheveux

qu'elles portent relevés sur le sommet de la tête, et
élargis en bandeaux que supportent des tiges de métal.

On a bientôt fait de visiter une ville comme Amoi,
surtout quand on a déjà parcouru d'autres villes du
Céleste-Empire, et nous fûmes très-heureux de pouvoir faire à cheval quelques excursions dans la campagne. Nous partions habituellement au nombre de
trois ou quatre, accompagnés d'autant de guides qui
nous suivaient à pied, et nous visitions les villages
disséminés sur la côte. Nous nous sommes aventurés
plusieurs fois dans un grand village dont la population est, dit-on, adonnée à la piraterie. Nous n'y avons
jamais été inquiétés, et nous n'avons été poursuivis
que par les importunités de quelques mendiantes. On
nous fit également visiter une ancienne citadelle, aujourd'hui ruinée et dépourvue de canons, et on nous
conduisit enfin à une immense pagode située à environ une lieue de la ville, et qui mérite une men-
tion particulière. Située sur une hauteur et adossée à
de gros rochers, elle domine la rade et une partie des
îles environnantes. Elle n'est pas ornée, comme la
plupart des autres pagodes que nous avons visitées
en Chine, de ces énormes lions de pierre, qui semblent en défendre l'entrée, et on ne trouve devant son
péristyle que quatre petits kiosques d'une architecture élégante, qui abritent chacun deux grandes pierres couvertes d'inscriptions consacrées à la mémoire de
prêtres célèbres. Le bâtiment principal de la pagode
est un pavillon magnifique situé au milieu d'une
grande cour. C'est un kiosque octogonal dont la toiture élégante est supportée par des colonnes merveil-

leusement sculptées. Les ornements de l'autel sont d'une grande richesse, et la statue principale qui le surmonte diffère beaucoup des images des autres dieux de la Chine. Elle représente une déesse vénérée, assise sur des feuilles de palmier, les bras croisés sur la poitrine, et le visage calme et bienveillant.

Les bonzes nous reçurent à merveille, et, après nous avoir offert du thé, nous accompagnèrent dans toutes les parties du temple. La cour principale est entourée de galeries qui contiennent un grand nombre de statues peintes de couleurs éclatantes, et ornées, pour la plupart, d'énormes barbes en crin. Derrière la pagode se trouvent d'admirables jardins entourés d'une ceinture de rochers. Après nous avoir ainsi montré tous les détails de la pagode, les bonzes nous accompagnèrent jusque sous le vestibule, où nos guides gardaient nos chevaux. Nous leur fîmes alors nos adieux, après leur avoir distribué quelques piastres, et nous partîmes, traversant, pour revenir à Amoi, des collines escarpées toutes couvertes de tombeaux. Les Chinois ont un grand respect pour leurs ancêtres, et prennent un grand soin des sépultures. Chaque année, une fête a lieu en leur honneur. Elle coïncide avec le nouvel an, et se célèbre, avec une égale solennité, dans toutes les villes de l'Empire. Une des plus grandes rues d'Amoi est entièrement occupée par des fabricants de cercueils; ils sont faits avec le plus grand soin, et ceux des riches, construits en bois de sandal, atteignent des prix fabuleux. Nos guides nous firent entrer en ville par le quartier qu'ils habitent, et qui est un des plus fréquentés.

Dans une de nos promenades, nous pûmes voir une exécution. Il s'agissait de cinq pirates que l'on devait décapiter. Cela se fit sans grand appareil : quelques soldats avaient été chercher ces malheureux à la prison, et ils étaient tellement affaiblis par les tortures qu'on leur avait subir, qu'il avait fallu les porter jusqu'au lieu du supplice. C'était une colline assez élevée qui domine la ville, et qui est surmontée d'un sémaphore. On les fit mettre à genoux, et le bourreau leur trancha la tête, et leur ouvrit le ventre. Il n'y avait pas vingt Chinois à ce triste spectacle dont la populace est si avide en Europe. Le lendemain matin, les cadavres de ces malheureux étaient encore à la même place, et les passants cheminaient sans la moindre émotion à côté de ces restes mutilés. Il arrive souvent que les parents des suppliciés réclament leurs corps pour leur donner la sépulture. Lorsque le criminel appartient à une certaine classe ou qu'il est coupable de rébellion, sa tête est exposée dans une petite cage en bois et fixée au-dessus des murailles de la ville. On voit quelquefois, en pénétrant dans les cités chinoises, cinq ou six de ces têtes qui pourrissent au-dessus des portes des citadelles et que personne ne songe à enlever. Mais il arrive bien souvent que les criminels, jouissant d'une certaine fortune, échappent à la justice, et qu'ils trouvent des remplaçants qui consentent à mourir à leur place. La substitution se fait facilement : le prisonnier dont l'exécution est résolue donne quelques piastres à son geôlier et sort de son cachot, où il est remplacé par le malheureux qui consent à mourir pour lui, afin de laisser un peu d'argent à sa famille. Une tête tombe, et tout est dit.

Nous étions déjà depuis plusieurs jours à Amoi, et nous désirions fort continuer notre route lorsque, le 17, au lever du soleil, on signala, dans la passe, un transport français. Nous nous félicitions de l'arrivée de ces nouveaux compagnons d'infortune, et nous nous promettions d'oublier avec eux la monotonie de notre relâche : c'était le transport *l'Isère* qui, après avoir, comme nous l'avions fait, lutté contre le mauvais temps dans le détroit de Formose, venait chercher un abri et réparer ses avaries. Mais notre satisfaction se changea bientôt en une vive anxiété : on s'aperçut bien vite que ce navire suivait une route dangereuse, et on se hâta de lui faire des signaux que le mauvais temps l'empêcha d'apercevoir. Les pavillons de nos signaux restèrent sans mouvement le long des mâts, et *l'Isère*, trompée par la position que nous occupions, continua à s'approcher, en gouvernant droit sur nous. Le commandant fit aussitôt armer sa baleinière, et, malgré la rapidité avec laquelle ses canotiers lui firent franchir l'espace qui nous séparait de *l'Isère*, il n'arriva le long du bord qu'au moment où elle échouait sur une roche sous-marine, qui devait lui servir de tombeau. On essaya immédiatement de la renflouer. *La Saône* envoya toutes ses embarcations. Une corvette américaine, qui se trouvait avec nous au mouillage, et le stationnaire anglais, offrirent en vain le secours de leurs canots. Tout fut inutile, et il fut bientôt certain que tous ces efforts resteraient sans résultat. Dans la soirée, l'eau avait déjà envahi le faux-pont, et il fallut se résoudre à abandonner le navire. L'équipage et les nombreux passagers que *l'Isère* amenait de France vinrent donc passer la nuit à bord de *la Saône*. Le temps était devenu de plus en plus mauvais ; le vent soufflait avec violence, et une pluie torrentielle venait encore paralyser nos efforts et augmenter l'embarras d'un pareil transbordement. Pendant toute la nuit, de nombreuses corvées furent employées à effectuer le sauvetage, et *la Saône* eut bientôt à son bord plus de quinze cents hommes. On fit dès le lendemain de nouvelles tentatives qui restèrent infructueuses, et l'on dut dès lors se borner à concentrer tous les efforts à sauver le matériel considérable que *l'Isère* apportait à l'armée. Tous ces mouvements s'accomplirent avec le plus grand ordre. Les coolies chinois que nous avions à bord se rendirent très-utiles, et l'on n'eut à déplorer la mort que d'un seul de ces volontaires, qui fut broyé entre deux pièces de bois. Il se passa à cette occasion un fait qui mérite d'être signalé. Lorsqu'il s'agit de rendre les derniers devoirs à ce malheureux, aucun de nos passagers ne voulut s'en charger, et l'on fut obligé de recourir à l'intervention du consul, qui envoya de la ville quelques Chinois, et qui obtint des mandarins l'autorisation de faire élever hors de la ville, et près du rivage, une sépulture. Pendant ce temps, nos réparations se terminèrent, et, après avoir dit adieu aux officiers de *l'Isère*, qui restaient à Amoi avec son équipage, nous reprîmes la mer pour nous rendre à Wo-Sung, où nous arrivâmes le 28 mai.

———

WO–SUNG ET SHANG–HAI

Avant de rejoindre à Wo-Sung l'escadre de l'amiral
Charner, *la Saône* interrompit encore une fois son
voyage, et mouilla aux îles Chuzan, position excellente
au point de vue commercial. Ces îles se trouvent, pour
ainsi dire, à l'embouchure de tous les grands fleuves
qui arrosent l'Empire, et à peu près à égale distance des deux extrémités du littoral chinois, ce qui
les rend très - propres à servir d'escale et d'entrepôt. Elles pourraient remplir le rôle de Singapor,
et il n'est pas douteux qu'avec les nouveaux traités,
elles n'arrivent bientôt à une grande prospérité. En
attendant, il n'y a encore aucun établissement, et des
pêcheurs et des pilotes en sont les seuls habitants. *La
Saône* n'y passa que vingt-quatre heures, et pénétra
enfin, après une navigation de plus d'un mois, interrompue par trois relâches, dans le Yang-Tse-Kiang, où
elle jeta l'ancre à Wo-Sung, le 3 juin 1860.

Wo-Sung et Sang-Haï sont situées sur la rive gauche
de ce fleuve, près de son embouchure. L'entrée du
Yang-Tse-Kiang, dont les nombreux détours traversent
et fertilisent la plus riche province de la Chine, le
pays le plus peuplé du monde, relativement à son
étendue, est pleine de dangers, et les bancs de sable

qui la défendent sont chaque année le théâtre de déplorables sinistres. Au moment où *la Saône* y rejoignait l'escadre, un trois-mâts français, chargé de charbon, y fit naufrage, et l'équipage ne se sauva qu'à grand'peine. Malgré toute la diligence que l'amiral déploya, les petits bateaux à vapeur envoyés pour recueillir une partie de son chargement arrivèrent trop tard. Une seule nuit avait suffi aux Chinois pour le piller entièrement, et ils en avaient arraché tout ce que la mer, qui avait envahi promptement le navire, leur avait permis d'emporter. Un bateau entretenu par les Anglais marque le point le plus dangereux du banc; mais les courants violents qui règnent dans ces parages y portent souvent les navires, et en font un des plus dangereux écueils dont sont semées les mers de Chine. Depuis que les relations commerciales se sont étendues dans cette partie de l'Empire et que Shang-Haï est devenu l'un des points les plus fréquentés par les navires européens, des pilotes commissionnés par les consuls des puissances qui ont dans cette ville des factoreries, viennent à la rencontre des bâtiments jusqu'au delà des îles Sadler, et les conduisent jusqu'à Wo-Sung et à Shang-Haï. Tous sont Anglais ou Américains, et montent d'élégantes embarcations du pays qui tiennent parfaitement la mer.

Quelques pilotes chinois sont également munis d'autorisations des consuls; ils sont pour le moins aussi habiles que les pilotes européens, qui ne se font pas le moindre scrupule de monter à bord des bâtiments où ils les ont devancés, et de leur enlever ainsi le bénéfice de leur pilotage.

Wo-Sung n'offre rien de remarquable ; c'est plutôt un énorme village qu'une ville, et sa population se compose de laboureurs et de pêcheurs qui deviennent à l'occasion d'audacieux pirates. Au mois de juin 1860 l'escadre française tout entière était au mouillage devant cette ville, attendant pour se rendre au Pet-Chi-Li l'arrivée du baron Gros. Une consigne sévère interdisait aux matelots d'y pénétrer, car les rebelles rôdaient aux environs et avaient même des intelligences dans la ville. Quelques imprudents payèrent de leur vie la témérité qu'ils eurent de s'y aventurer, et de s'y conduire comme en pays conquis. La plupart des maisons sont construites en bois et couvertes de chaume. Petites et privées d'air, elles sont à peu près toutes semblables, n'ont pas de jardins, mais seulement de petites cours où l'on trouve d'énormes jarres en terre, où les Chinois laissent déposer l'eau bourbeuse du fleuve, qui leur sert de boisson. La misère la plus affreuse paraît être le partage des habitants. Le port est presque toujours encombré de jonques de formes aussi variées que bizarres, qui y attendent, sans y faire d'opérations, le moment de gagner la haute mer, ou de pénétrer dans le fleuve. Les bâtiments européens n'y font que de très-courts séjours, et presque tous remontent jusqu'à Shang-Haï, ne restant devant Wo-Sung que le temps nécessaire pour se procurer des remorqueurs, et attendre des marées favorables. Un peu en deçà de la ville et sur les bords du fleuve s'élèvent les parcs à charbon de la Compagnie péninsulaire orientale.

Devant ces magasins sont mouillés trois ou quatre

pontons armés de quelques pièces de canon. Ils servent d'entrepôt aux marchands d'opium, et leurs capitaines y vivent avec leurs familles à l'abri des dangers qu'ils courraient infailliblement s'ils habitaient la ville. L'opium leur arrive sur des goëlettes ou à bord de bâtiments à vapeur. Ces receving-schips appartiennent à des maisons anglaises, et sont en état de se défendre contre toutes les attaques des Chinois.

Malgré la sévérité des lois chinoises, les négociants introduisent à Shang-Haï une grande quantité d'opium, et dans une sécurité parfaite. Les marchands chinois et les mandarins eux-mêmes, chargés de veiller à l'exécution des édits, viennent journellement s'approvisionner à bord de ces pontons, malgré la surveillance vraie ou feinte des jonques de la douane chinoise, incapable de s'y opposer.

On se tromperait étrangement en croyant que si le gouvernement anglais défendait à ses vaisseaux d'apporter de l'opium en Chine, l'importation de cette substance cesserait. Les autres marines européennes l'y importeraient bien vite. En supposant qu'aucun navire ne pût apporter de l'opium en Chine, l'usage n'en cesserait pas pour cela. Les jonques vont maintenant jusque dans l'Inde, et si elles n'en rapportent pas d'opium, c'est que les Chinois trouvent un intérêt plus grand à le recevoir par les bâtiments anglais. Enfin on récolte de l'opium dans les provinces méridionales de l'Empire, et bien qu'il soit dit de qualité inférieure à celui de l'Inde, les Chinois finiraient par s'y habituer; et en s'appliquant la culture du pavot, parviendraient certainement à l'améliorer. Il est donc injuste de reprocher aux Anglais ce commerce qui les enrichit, et qui n'est pas pour les Chinois une calamité aussi grande que l'ont écrit quelques voyageurs.

Deux fois par mois les paquebots de la Compagnie péninsulaire apportent à Wo-Sung le courrier d'Europe. Quelques armateurs de Hong-Kong y envoient également des bateaux à vapeur à grande vitesse, qui arrivent presque toujours vingt-quatre heures avant les paquebots. Ce sont eux qui approvisionnent surtout les receiving-schips. Dès qu'ils sont signalés, des courriers chinois arrivent sur la plage, et à peine les ancres sont-elles tombées, que les capitaines portent à terre les dépêches, qu'ils leur remettent. Les courriers montent aussitôt à cheval, et se rendent à Shang-Haï, allant toujours en ligne droite et franchissant tous les obstacles qu'ils trouvent dans une campagne entrecoupée de fossés, et de canaux garnis de ponts en très-mauvais état.

Pendant que nous étions au mouillage devant Wo-Sung, attendant impatiemment l'heure du départ, nous avons été témoins d'une des plus grandes fêtes de toute la Chine. Nous voulons parler de la fête des divinités maritimes qui a lieu le cinquième jour de la cinquième lune du calendrier chinois, qui correspond au 14 juin. Les marins vont alors jusqu'à la mer faire des sacrifices, et adresser aux dieux leurs prières. Dès le matin nous vîmes le fleuve couvert d'une multitude de barques ornées de flammes et de drapeaux dont les formes étaient aussi variées que les couleurs. Elles étaient surmontées pour la plupart de tentes de couleurs éclatantes, et remplies d'un grand nombre de Chinois, dont les uns, armés de longs avirons, nageaient vigoureusement, tandis que les autres, munis de gongs, de tam-tams, de cloches, faisaient un tapage infernal. Plus de mille de ces embarcations passèrent devant l'escadre. A chaque instant les pétards et les pièces d'artifice éclataient bruyamment, et les canots s'entre-choquaient sans cesse de poursuivre leur course rapide. Toutes les barques venues de Shang-Haï et des nombreux villages qui bordent la rivière se joignirent à la flottille des canots de Wo-Sung, et tous ensemble gagnèrent l'embouchure du fleuve, où les cérémonies devaient avoir lieu. Nous les revîmes à leur retour, non moins bruyantes et aussi rapides, disparaître au milieu des détours du Yang-tse-Kiang. Depuis lors la monotonie habituelle du séjour de Wo-Sung ne fut plus troublée.

Chaque jour les fournisseurs envoyaient de Shang-Haï les provisions que l'escadre n'aurait pu se procurer à Wo-Sung : je partis un jour à bord d'une de leurs embarcations afin de visiter cette ville, une des plus intéressantes de toute la Chine. On compte environ huit lieues de Wo-Sung à Shang-Haï. Les rives du fleuve sont très-basses et protégées en certains points par de double digues, dont la construction a occasionné d'immenses travaux, et qui seraient remarquées même en Europe.

Un très-grand nombre de navires sillonnent le fleuve. On trouve à chaque instant de véritables flottes de pêcheurs dont les misérables bateaux abritent toute la famille, et forment de chaque côté du fleuve d'immenses villages flottants. On rencontre aussi d'énormes jonques chargées d'alun, de soie, de thé, dont les formes diverses indiquent suffisamment la multiplicité et l'éloignement des relations commerciales. Les bâtiments européens du plus fort tonnage peuvent facilement remonter jusqu'à Shang-Haï, qui jouit ainsi de tous les avantages d'un port de mer. A mesure que l'on approche de la ville, le fleuve, sans cesser d'être profond, devient de plus en plus étroit. Un grand nombre de ruisseaux et de canaux, après avoir serpenté au milieu des rizières qui font la richesse de la campagne, viennent y aboutir, et c'est surtout dans les points où s'opère leur réunion que sont placés les villages flottants. On peut voir en passant sur ces affluents du fleuve de singuliers bâtiments. Ce sont des radeaux qui appartiennent à des éleveurs de canards. Ils sont nombreux, et se composent de larges bateaux entourés d'une planche en saillie, et couverts de feuilles. Les canards sont dressés à se jeter à l'eau au coup de sifflet de leur maître, et dès le matin on les voit barbotter dans les canaux, pendant que leur radeau suit lentement le cours du fleuve. Le soir un nouveau coup de sifflet les rappelle à bord, où ils restent à l'abri pendant la nuit. Les Chinois élèvent beaucoup de volailles, surtout de canards, et afin d'avoir un plus grand nombre de couvées, ils font éclore les œufs dans des fours. Les éleveurs et leurs nombreuses familles habitent également les radeaux, et vivent ainsi au milieu de leurs troupeaux qui sont très-considérables.

Il y a déjà plusieurs années que le port de Shang-

Haï a été ouvert aux Européens, et la France a dû intervenir plusieurs fois pour protéger les négociants dont les droits avaient été méconnus par le gouverneur de la province. Tout le monde sait qu'en 1852 l'amiral Laguerre, avec *la Jeanne d'Arc* et *le Colbert*, s'empara de la ville, après un combat acharné. Depuis ce temps les autorités de Shang-Haï ont respecté nos nationaux.

Les factoreries européennes sont des constructions toutes récentes. Elles s'élèvent entre les remparts et la rivière, qu'elles bordent sur une grande étendue. Les Anglais, les Américains, les Russes et les Français ont obtenu du gouvernement chinois des concessions de territoire, et de magnifiques maisons se construisent en même temps que le commerce se multiplie. Toutes ces nations ont à Shang-Haï des consuls ou des agents consulaires. Les Anglais ont élevé sur leur territoire une petite église anglicane, et ont à Shang-Haï plusieurs missionnaires. Les jésuites y ont aussi plusieurs établissements, mais ils sont situés au centre du faubourg le plus populeux de la ville. Ils y ont fondé une église et des écoles, qui sont fréquentées par un grand nombre d'enfants chinois. Les principales maisons de commerce de Hong-Kong ont à Shang-Haï des représentants. Le commerce français n'y est représenté que par un seul négociant qui a des relations très-étendues.

Au mois de juin 1860 cette partie de la ville offrait un aspect très-animé. Le général Montauban y avait établi son quartier général, et avait amené à sa suite quelques troupes, que la présence des rebelles aux portes de Shang-Haï rendait nécessaires. Deux ou trois navires de guerre étaient mouillés devant les quais, ainsi qu'un grand nombre de bâtiments de commerce frétés pour les approvisionnements de l'expédition. De grandes maisons avaient été converties en casernes et en hôpitaux, l'administration des postes et l'intendance avaient également installé leurs bureaux dans la ville, dont toutes les rues étaient encombrées de troupes que les Chinois venaient curieusement examiner.

A l'extrémité des factoreries, se voient de beaux bassins de radoub, et la frégate *la Forte* s'y trouvait en réparation, pendant notre séjour à Shang-Haï. On y voit aussi une distillerie importante qui fonctionne jour et nuit, car l'eau de Yang-tse-Kiang est détestable et ne peut servir à approvisionner les navires. Enfin quelques Chinois sont venus s'établir au milieu des concessions européennes, mais ils sont peu nombreux; ils sont très-bien achalandés, et à cette époque surtout leurs magasins ne manquaient pas de visiteurs.

Pour arriver à la ville de guerre, il faut traverser un faubourg populeux dont les rues étroites sont bordées de magasins fermés pour la plupart, lors de la présence de nos troupes. La ville possède cinq portes, et ses murailles qui sont hautes et épaisses, construites en pierres et en briques, portent encore en plusieurs points la trace des projectiles de *la Jeanne-d'Arc*, dont la brèche a été comblée. Au-dessus de chaque porte sont suspendues de petites cages en bois, qui renferment des têtes de suppliciés. On en voit même de distance en distance au sommet des murailles, et des sentinelles empêchent que les parents et les amis de ces victimes ne viennent les enlever.

Au moment où nous visitions Shang-Haï, le gouverneur de la ville, craignant l'arrivée des rebelles qui occupaient la province, était venu demander secours aux généraux alliés. Toutes les portes de la ville étaient gardées par des détachements anglo-français et par des soldats chinois qui s'entendaient parfaitement. Quelques compagnies d'infanterie de marine, avec une demi-batterie d'artillerie, étaient sous la tente, au delà des remparts ; et une canonnière, embossée près de leur camp, mettait la ville à l'abri d'une surprise, et du pillage que les Chinois redoutaient. Le tao-taï se montrait fort reconnaissant de la protection qu'on lui avait donnée, et chaque jour il envoyait à nos soldats des vivres frais, et faisait porter aux officiers qui commandaient les postes, des cigares et du vin de Champagne. Il se passait alors un fait pour ainsi dire sans exemple dans l'histoire. Nous faisions la guerre à l'empereur de Chine, que nous allions poursuivre jusque dans sa capitale, et nos soldats défendaient une des principales villes de son empire contre les attaques de ses sujets révoltés. Il faut dire que ces rebelles avaient contre les Européens une animosité encore plus grande que les Chinois restés fidèles à l'empereur, et que campés comme ils l'étaient aux portes de Shang-Haï, ils auraient pu nuire au commerce des négociants établis dans cette ville, qu'ils avaient juré de détruire. Quoi qu'il en soit, ce fait mérite d'être signalé.

Il n'y a point à Shang-Haï de monuments remarquables ; la douane et quelques pagodes ne se distinguent en rien des établissements du même genre que l'on voit dans les autres villes de la Chine. Mais il y a dans cette ville un jardin que les Européens ont nommé la place au Thé, et qui ne ressemble à rien de ce que nous avions vu jusqu'alors dans les villes importantes et déjà nombreuses que nous avions visitées. Ce jardin occupe une place irrégulière, d'une longueur de cinq cents mètres environ, plantée d'arbres en divers endroits et ornée de kiosques en rocaille, dont la structure originale et les dessins variés forment un point de vue très-pittoresque. Au milieu de la place se trouve un étang sur lequel s'élève un pavillon à plusieurs étages, à toits superposés, et de forme élégante. On y pénètre par de petits ponts de pierre. Les côtés de la place sont bordés par des magasins de curiosités, et par des restaurants et des établissements où les Chinois vont prendre le thé. Ils sont constamment remplis de monde. Les curieux, les oisifs, les promeneurs se donnent rendez-vous dans ce jardin, où sont établis des théâtres ambulants, des lanternes magiques qui, pour la plupart, représentent des obscénités révoltantes, et des escamoteurs. On y rencontre aussi un grand nombre de diseurs de bonne aventure et de marchands d'oiseaux savants, si bien qu'on peut se dire, en les voyant, que tous ces exploiteurs de la curiosité publique font au moins autant de dupes en Chine que partout ailleurs.

Tous les établissements où l'on prend le thé, et que l'on trouve en si grand nombre autour de ce jardin, ont le même aspect. Le marchand enrichi s'y trouve à la même table que l'artisan ; l'armateur y coudoie le coolie, et l'on a bien lieu d'être surpris de voir ainsi les rangs confondus, et toutes les classes mêlées, dans une société où les devoirs des inférieurs envers les supérieurs ont été si minutieusement décrits, et dans des établissements où en Europe l'éducation et la fortune élèvent des barrières presque infranchissables.

Le palais du gouverneur, entouré de murailles élevées, est invisible pour les Européens. Il est gardé par de nombreux soldats, ressemble aux yamouns de Canton, et renferme, dit-on, d'immenses trésors.

Nous avons parcouru à Shang-Haï un grand nombre de rues désertes. La plupart des habitants avaient alors abandonné la ville, et des quartiers entiers étaient inhabités. A mesure qu'on s'éloigne du centre de la ville et de la place au Thé, le nombre des magasins diminue, et de vastes jardins entourent les maisons. Pendant que les habitants s'éloignaient emportant avec eux leurs richesses, les populations des campagnes venaient chercher dans la ville un refuge, abandonnant devant les rebelles leurs récoltes et leurs villages devenus la proie des flammes. Ces malheureux accouraient en foule dans les pagodes abandonnées, et s'y installaient pêle-mêle. Un grand nombre n'y arrivaient que pour y mourir. Les cours et les jardins de ces pagodes présentaient un spectacle affreux. Ici une mère offrait un sein desséché à son enfant, plus loin un vieillard expirait sans attirer même un regard des infortunés qui l'entouraient, et qui ne prenaient même pas le soin d'écarter son cadavre. Chaque matin

des coolies arrivaient avec des brancards, parcouraient
toutes les pagodes pour y enlever les morts, qu'ils allaient jeter dans le fleuve. Plus loin encore, une famille entière, accroupie devant un fourneau, faisait
cuire quelques poignées de riz qu'il lui fallait dispu-
ter à ses malheureux compagnons. Enfin quelques
Chinois étendus sur les dalles des cours et des galeries fumaient leurs pipes d'opium, et cherchaient dans
l'ivresse l'oubli de leurs maux. Sur tous les traits on
lisait la fatigue et le désespoir, et la misère la plus affreuse laissait partout sa terrible empreinte.

En temps ordinaire la population de Shang-Haï est
tranquille, douce, et en général bienveillante pour les
étrangers. Elle se distingue sous ce rapport du reste
de la population de l'Empire, qui a conservé, en dépit
de ses communications fréquentes avec les Européens,
les vices et les vertus d'un peuple esclave, manufactu-
rier et marchand. Mais la Providence n'a pas con-
damné ces millions d'hommes à gémir sous les verges
du despotisme, et l'on peut voir à Shang-Haï les résultats déjà remarquables du contact des nations européennes. Les préjugés disparaissent devant l'intérêt,
et les marchands, qui ont tous dans leurs boutiques
un autel consacré au dieu de la fortune, commencent
à apprécier les avantages d'un commerce direct avec
les Européens. Enfin, le christianisme se répand dans
la province ; les jésuites et les missionnaires anglicans
font chaque jour de nombreux prosélytes, et les nouveaux traités permettent aux missionnaires de circuler
sans entraves jusque dans les provinces les plus éloignées, leur fournissant ainsi les moyens de faire de

nouveaux disciples et de répandre partout le nom et la civilisation de l'Europe.

Shang - Haï a maintenant des relations avec le monde entier ; ses porcelaines, la laque, les ouvrages en bambou, les soieries, l'alun et le thé sont les principaux objets de son commerce. C'est dans la province de Kiang-Sou que la culture de ce précieux arbuste a pris les plus grands développements. On nous saura peut-être gré de donner quelques détails sur cette plante, qui enrichit tout un pays. Le thé est un arbrisseau de la famille des aurantiacées. Il s'élève à deux ou trois mètres, et ses fleurs, blanches et petites, font place à une capsule arrondie. Ses feuilles sont ovales, allongées, dentées en scie et d'un vert foncé. Elles renferment des glandes nombreuses contenant l'essence qui donne au thé son arôme. La culture de cette plante a été portée à un degré incomparable de perfection, et l'affluence des acheteurs étrangers a eu pour effet d'en propager la culture dans toute la Chine. On le cultive sur le bord des champs. Il se plaît sur la pente des côteaux et au voisinage des eaux courantes dans les terres pierreuses. On le récolte deux fois par an, vers la fin d'avril et au mois de juillet. Les premières récoltes donnent le thé le plus délicat. Celui des suivantes, qui sont plus abondantes, donnent des feuilles moins parfumées et d'une saveur moins agréable. Les feuilles récoltées sont entassées dans de grands paniers en bambou et apportées dans des séchoirs établis sous des hangars. On les met ensuite dans des bassines en tôle, sur un fourneau horizontal, et les ouvriers les remuent sans cesse, soit à la main, soit avec des baguettes de bois léger. Lorsque la chaleur a fait crisper les feuilles, on les étend sur de grandes nattes. On les roule ensuite avec la main, on les vanne et on les place sous des hangars où l'on établit des courants d'air qui les refroidissent lentement. Le grillage recommence deux ou trois fois; on laisse seulement les feuilles moins longtemps dans les bassines pendant ces opérations, et on les roule plus complétement. Pour les thés les plus estimés, chaque feuille est roulée séparément. On en roule au contraire plusieurs à la fois, pour les thés de qualité inférieure. Lorsque les feuilles sont tout à fait sèches; on les enferme dans des caisses en bois que l'on a soin de fermer immédiatement.

Bien que les variétés de thé du commerce soient innombrables, elles proviennent toutes du même arbre. La qualité dépend du pays où le thé a été récolté, de sa culture, de l'âge des feuilles, et de la perfection de la manipulation à laquelle il a été soumis. Les thés verts s'obtiennent par un grillage rapide, les thés noirs, dont les propriétés sont affaiblies, doivent leur couleur à une dessiccation plus lente.

L'usage du thé remonte en Chine à la plus haute antiquité, mais il n'a été introduit en Europe que pendant le XVIIe siècle. Les Anglais et les Russes ont les premiers adopté l'usage de cette boisson, qui tend à se répandre en France. Les Anglais en consomment par an plus de 35 millions de kilogrammes, et le Kiang-Soug fournit plus de la moitié de cette énorme quantité, qui est presque toute entreposée à Shang-Haï.

Après avoir visité cette ville nous revînmes à Wo-

Sung, et nous fîmes ce voyage en suivant la voie de terre. La campagne est admirablement cultivée. De riches villages s'élèvent au milieu de belles rizières dont la culture nécessite des travaux considérables. Sans entrer dans la description des dégoûtants détails que les Chinois mettent en usage pour se procurer des engrais, nous dirons simplement qu'aucune substance putréfiable n'échappe à leur patiente industrie. La route de Shang-Haï à Wo-Sung est entrecoupée de canaux et de fossés sur lesquels les cultivateurs ont jeté des ponts insuffisants, et en mauvais état. Elle est bordée de tombeaux dans presque toute son étendue. Elle était peu fréquentée lorsque nous l'avons parcourue, et aussi loin que nos regards pouvaient s'étendre, la campagne était déserte.

Sur ces entrefaites le baron Gros était arrivé, et *la Saône* appareilla le trois juillet pour Tche-Fou, où elle resta jusqu'au 26. L'escadre entière se réunit au Pet-Chi-Li, où elle mouilla le 28 juillet en face des forts du Pei-Ho. *La Saône* y resta jusqu'au 6 décembre 1860, et revint pour la dernière fois à Hong-Kong, d'où elle partit pour les îles Philippines.

MANILLE

Au mois de janvier 1861, après la campagne du nord de la Chine, *la Saône* reçut la mission de conduire à Manille une partie des Tagals qui avaient pris part à l'expédition. Ce fut avec joie que nous laissâmes Hong-Kong pour voguer vers les îles Philippines, ce joyau de l'Océanie. Après cinq jours d'une traversée qui s'accomplit heureusement, nous aperçûmes à l'horizon les montagnes ombreuses de la grande île de Luçon, et nous entrâmes dans la magnifique baie de Manille.

La position de la ville est admirable. La petite île du Corregidor ferme l'entrée de la rade qui s'étend en un vaste cercle dominé par une ceinture de montagnes et de forêts, aux pieds desquelles se dessine Manille avec ses anciennes murailles que surmontent les clochers et les tours de ses églises et de ses couvents.

L'arsenal de Cavite et de nombreux villages bâtis dans les enfoncements du rivage qui servent d'abri aux barques des pêcheurs, et dont on aperçoit au loin les jardins et les clochers, ajoutent à la beauté du spectacle qui vient frapper les yeux des navigateurs.

A peine étions-nous au mouillage que de nombreuses pirogues pleines de femmes, d'enfants et de vieillards entourèrent *la Saône*. Ils accouraient, joyeux et pleins d'espoir, au-devant des Tagals que nous ramenions dans leur patrie et que nous allions rendre à la liberté. Il fallait pourtant, avant de permettre à la foule qui nous assiégeait de monter à bord, avoir reçu la visite des autorités sanitaires; elles arrivèrent enfin nous accorder l'entrée de la ville. L'administration de la colonie se montre, comme dans tous les autres pays soumis à l'Espagne, d'une sévérité exagérée à cet égard, et les précautions dont elle s'entoure d'habitude peuvent paraître pour le moins superflues, car le choléra, la dyssenterie, et des fièvres de toute nature sont endémiques à Manille, et, loin d'y apporter des germes de maladie, il est rare que les équipages n'y recueillent pas quelques malades. Ce fut précisément ce qui nous arriva. A peine la falua du port était-elle partie que le pont fut littéralement envahi par une multitude de Tagales. Presque toutes étaient jeunes et jolies, et avaient revêtu leurs plus beaux atours, pour fêter l'arrivée des parents et des amis qu'elles venaient chercher. Il y eut bien quelques espérances trompées! Plusieurs Tagals étaient restés à bord des autres bâtiments de l'escadre, et quelques-uns avaient trouvé la mort sur les champs de bataille ou dans les hôpitaux de la Cochinchine. Bien des larmes coulèrent, qui contrastèrent avec la joie bruyante et expansive de ceux qui se trouvaient enfin réunis. Trois années s'étaient écoulées depuis que nous avions quitté la France, et nous ne pouvions nous empêcher de songer, au milieu de ces scènes touchantes dont nous étions témoins, au jour désiré où nous reverrions aussi notre patrie. Plusieurs Tagals partirent immédiatement, et ceux que le service retenait à bord furent consolés par la présence de leurs femmes et de leurs mères, qui y passèrent toute la journée.

Nous avions hâte de visiter la ville, et, sans attendre que les canots du bord fussent armés, nous nous confiâmes à une pirogue du pays. Une petite rivière, le Pasig, partage Manille en deux parties, et la barre qu'elle forme en se jetant dans la mer est parfois assez difficile à franchir. Le trajet s'accomplit sans encombre, et notre pirogue, habilement manœuvrée, ne tarda pas à pénétrer dans le canal qui conduit à la ville et qui lui sert de port. Ce canal, assez étroit, est encaissé entre deux jetées de pierre; il se termine, d'un côté, par un phare qui indique l'entrée du port, et de l'autre, par une batterie dont les pièces inofsives n'ont plus d'autre but que d'échanger des saluts avec les rares bâtiments de guerre qui arrivent sur la rade.

Aussitôt débarqué, et après avoir subi, pour la forme, l'inquisition de la douane, cet autre fléau du voyageur dans les colonies espagnoles, je me fis conduire à l'Hôtel-Français. J'imaginais me trouver chez un compatriote; je ne rencontrai qu'un Allemand. Il ne fallut pas longtemps pour me convaincre que je serais chez lui tout aussi mal que dans les hôtelleries espagnoles dont j'avais déjà fait la dure expérience. Bon gré mal gré, je pris mon parti, et, tout en me promettant d'y rester le moins possible, je me fis conduire à l'appartement que je devais occuper.

Manille se compose de deux parties entièrement distinctes, la ville de guerre et les faubourgs. Les murailles qui ont soutenu plusieurs siéges sont flanquées de nombreux bastions, et entourées de fossés larges et profonds. Les rues spacieuses qui se coupent à angle droit ne sont point pavées. Les maisons n'ont qu'un étage élevé sur un rez-de-chaussée voûté, et possèdent pour la plupart une varangue ou galerie extérieure formée de châssis en écaille de nacre, qui restent fermés pendant la chaleur du jour, et où l'on vient respirer l'air frais du soir. De nombreuses églises et des couvents d'une architecture sombre et sévère, ajoutent à la monotonie de ces constructions uniformes et vieillies. Ceux des dominicains, des franciscains et des jésuites sont les plus importants. La cathédrale, l'hôtel de ville et le palais du capitaine général, édifices assez médiocres, entourent une grande place plantée de beaux arbres, et ornée d'une statue en bronze du roi Charles IV.

Cette partie de la ville n'est occupée que par les fonctionnaires, les officiers de la garnison et quelques négociants. Pendant le jour, elle est d'une tristesse accablante, et ses rues sont désertes. Les employés et les négociants se tiennent alors enfermés dans leurs bureaux, pendant que leurs femmes font la sieste. Le soir la ville semble s'éveiller un instant pour retomber ensuite dans sa morne apathie : c'est au moment où ses habitants l'abandonnent pour aller respirer à la Calzada.

Un très-beau pont suspendu, de construction récente, et un vieux pont de pierre jetés sur le Pasig, relient la ville de guerre aux faubourgs. Le premier vient aboutir à la Escolta, quartier le plus bruyant des faubourgs. On y jouit d'un ravissant coup d'œil. En descendant le cours de la rivière, on aperçoit une multitude de navires, dont les formes sont aussi variées que la provenance. Les grands trois-mâts européens, les légères goëlettes de la colonie, les prows malais, les jonques chinoises et les lourdes faluas chargées des productions du pays encombrent le canal que sillonnent en tous sens, sous l'impulsion de vigoureux rameurs, les rapides tancas tagales.

Après avoir traversé la rade, la vue se perd à l'horizon, sur l'îlot du Corrégidor. De l'autre côté, l'œil s'égare sur les eaux calmes du Pasig, qui serpentent au milieu de bois élégants de bambous et de palmiers. Là-bas, tout était mouvement; ici l'on n'aperçoit que de rares canots de plaisance, qui conduisent les Européens dans les villas bordant le fleuve, et des pêcheurs indiens qui descendent lentement son cours. Sur la droite s'étendent les murailles crénelées de la ville de guerre, surmontées des mille croix de ses églises et de ses couvents, le quartier d'Isabelle, magnifique caserne tout récemment construite, et un monument élevé à l'entrée de la ville, à la mémoire de Magellan. A gauche enfin sont les faubourgs dont la joyeuse animation contraste avec la morne tristesse de la ville officielle. Les cases tagales en bambou se mêlent aux lourdes maisons de pierre, et les jardins qui les entourent rendent encore leur aspect plus riant.

Le plus important de ces faubourgs est Binondo; il

est occupé par un grand nombre d'Européens. Ses larges rues sont toujours pleines de monde, et l'on y coudoie à chaque pas des Tagals et des Chinois; les premiers qui suivent, en fumant, la musique d'un régiment, ou qui se rendent à un combat de coqs dans un pueblo voisin; les seconds qui, toujours affairés, courent après la fortune. A mesure que l'on s'éloigne de Binondo, les faubourgs perdent de plus en plus le caractère d'une ville européenne, et revêtent l'aspect des élégants villages indiens. Il faut en excepter la Escolta qui est, pour ainsi dire, le bazar de Manille, et comme un terrain neutre où, malgré la haine et le mépris qu'ils ont les uns pour les autres, se heurtent à chaque instant les Espagnols, les Tagals, les métis et les Chinois. Ses larges trottoirs sont bordés d'arcades que des stores mobiles protégent contre les rayons brûlants du soleil, et qui abritent les boutiques des indigènes et des Chinois. Les Tagals vendent des nattes, des chapeaux de paille, des scapulaires, des médailles et les étoffes légères du pays; ils se lèvent tard, abandonnent leurs occupations les plus sérieuses pour le moindre amusement, ferment leur magasin à l'heure de la sieste, et ne l'ouvrent que quelques instants dans la soirée. Au point du jour, au contraire, le Chinois est levé, et on le voit surveiller sans cesse ses nombreux commis. C'est à peine s'il prend le temps de fumer sa pipe sur le seuil de sa boutique qu'il n'abandonne jamais, et ne ferme que fort avant dans la nuit. Tout entier à son commerce, il ne songe qu'à la fortune qu'il est venu chercher et qu'il retournera gaspiller dans les sin-soon et les maisons de jeu de Macao ou de Canton. Deux églises, des marchés couverts, les théâtres de Quiapo et de Tondo et la magnifique manufacture de cigares de Binondo sont les seuls monuments des faubourgs.

Tel est l'aspect général de Manille ; nous allons maintenant décrire le caractère et les mœurs des races diverses qui l'habitent, et particulièrement des Tagals.

Trois peuples aussi distincts de mœurs que d'origine se trouvent en présence à Manille : ce sont les Européens (principalement les Espagnols), les Tagals et les Chinois. On y rencontre aussi deux races mixtes qui proviennent des alliances contractées entre les Espagnols et les Tagals, et entre les indigènes et les Chinois. Elles sont confondues sous le nom de métis, et sont également détestées par les peuples qui leur ont donné naissance.

Nous n'avons que peu de chose à dire des Européens : fonctionnaires ou officiers que les hasards de leur carrière ont conduits aux îles Philippines, ils n'y contractent aucun lien qui les y retienne, et ne songent qu'à retourner en Europe. Il en est de même des négociants espagnols : pour eux, Manille n'est qu'un lieu de passage qu'ils se hâtent d'abandonner dès que la fortune leur a souri. Ils ne font pas en général de grandes opérations commerciales, et sont écrasés par le luxe que déploient les opulents négociants anglais et américains établis dans l'île. Mais il en est autrement des moines qui peuplent les couvents de la ville, et du haut clergé. Leur fortune territoriale, l'influence qu'ils ont su prendre sur les in-

digènes, la considération dont on les entoure leur
rendent doux le séjour des Philippines, et en font vé-
ritablement les maîtres de la colonie. Le clergé y est
en effet tout puissant, et l'on peut dire que les moines
ont plus fait pour arracher les Tagals à la barbarie,
que toutes les armées espagnoles. Plusieurs ordres
religieux ont entrepris et mené à bonne fin la civilisation des peuplades sauvages de cet archipel éloigné.
Le haut clergé et les moines sont européens, mais les
paroisses des pueblos sont confiées à des curés tagals
ou métis. Les différents couvents de Manille renferment de grandes richesses, et celui des dominicains
se distingue entre tous. Plusieurs religieux de cet
ordre avaient accompagné les troupes espagnoles, qui
étaient venues combattre avec nous en Cochinchine,
et j'avais vécu pendant plus d'un an à Tourane, avec
l'un des plus influents, le R. P. Genza. J'allai naturellement lui rendre visite à mon arrivée, et il me fit,
avec beaucoup de bonne grâce, les honneurs de son
couvent, et du collége de Saint-Jean de Latran, dont
il avait alors la direction.

Les murailles des longs corridors sur lesquels
s'ouvrent les appartements des moines, qu'on aurait bien tort de considérer comme de modestes cel-
lules, sont ornées des portraits de leurs devanciers
dans la colonie, et principalement de ceux qui sont
tombés victimes de leur foi dans les redoutables provinces de la Cochinchine et du Tonkin. La bibliothèque, qui renferme environ quinze mille volumes
réunis à grands frais, et la chapelle particulière des
révérends pères sont dignes de fixer l'attention des

visiteurs. Pendant que nous parcourions les différentes parties du couvent et du collége, les élèves
s'arrêtaient sur notre passage, et, s'agenouillant devant le père Genza, qui nous accompagnait, embrassaient pieusement l'anneau qu'il portait au doigt, et
recevaient sa bénédiction. Tous les élèves de ce collége sont Espagnols et reçoivent, en sortant, les grades
universitaires. Les dominicains occupent aussi le collége de Saint-Thomas, où ils élèvent les fils des principaux Indiens et des métis, qui restent ainsi tout à
fait étrangers à la jeunesse européenne, bien que
l'instruction qu'ils reçoivent soit la même. Un grand
nombre de ces derniers entrent plus tard dans les
ordres, les autres sont destinés à remplir les em-
plois inférieurs dans les administrations de la colonie. Les frères de Saint-Dominique ne se sont pas seulement consacrés à l'éducation de la jeunesse, ils ont
voulu devenir propriétaires, et ont acquis les plus
belles fermes de l'île. Aujourd'hui, leurs richesses
territoriales en font l'ordre religieux le plus puissant
et le plus respecté des Indiens. Je regrettai que les
exigences de mon service ne me permissent pas de
profiter de la bienveillante invitation qui me fut faite
d'aller visiter la magnifique propriété qu'ils possèdent
à la Laguna, à une journée environ de Manille.

Chaque soir, tous les Européens, négociants, officiers, moines, abandonnent la ville et se font conduire en voiture sur le bord de la mer, et dans une
longue allée plantée d'arbres et bordée d'élégantes
villas. Les musiques des régiments tagals viennent à
tour de rôle y donner des sérénades. Les femmes, en-

veloppées d'étoffes légères et la tête nue, sont toutes armées de l'éventail national. Les hommes, pour la plupart vêtus de blanc, se promènent, les saluent et se mêlent à leurs groupes sans que jamais la cigarette abandonne leurs lèvres. La foule est toujours nombreuse à la Calzada, et cependant on n'y rencontre guère que les Européens. Les Chinois ne s'y aventurent jamais; quelques riches Tagals et des métis y viennent quelquefois faire admirer leurs brillants équipages et leurs somptueuses toilettes, et cherchent à faire oublier leur origine, par le luxe qu'ils déploient. Mais le préjugé qui les repousse de la société européenne est profondément enraciné, et s'ils sont supportés sur le terrain neutre de la Calzada, ils n'en sont pas moins exclus des salons européens. Des gendarmes à cheval, placés à toutes les issues de la promenade, maintiennent l'ordre, et empêchent les voitures de rouler sur le milieu de la chaussée, réservé aux équipages du capitaine général et de l'archevêque. Après l'Angelus, les voitures disparaissent et rentrent à Manille, dont les portes restent fermées pendant la nuit.

Abandonnons maintenant la ville européenne à ses soldats et à ses moines et pénétrons dans les faubourgs où nous pourrons surprendre sur le fait les scènes variées de la vie des Tagals. Leur population est nombreuse; leurs larges rues ombragées par le feuillage des cocotiers et des bananiers, sont bordées de cases en bambou et recouvertes de chaume. Ces riantes demeures sont élevées de quelques pieds au-dessus du sol, et leur toit, terminé en pointe aiguë, forme une sorte

d'auvent sous lequel s'étendent de larges galeries.
Ces habitations élégantes et commodes sont entourées
de grands arbres dont le feuillage, s'agitant à la
moindre brise, y entretient une agréable fraîcheur.
On y pénètre par un petit escalier de bois; on y respire le bien-être, et les visiteurs y sont toujours
joyeusement accueillis. La pièce principale, dont les
parois sont blanchies à la chaux, est ornée des images
vénérées des saints et des saintes affectionnés des
Tagals; elles sont surmontées de rameaux bénis; quelques bancs, une table en bois et des nattes sur lesquelles le Tagal dort et fume alternativement, composent tout l'ameublement.

Les femmes fument aussi, et sont pour le moins
aussi paresseuses que les Tagals; elles sont beaucoup
plus disposées à assister, comme eux, aux combats de
coqs et à suivre les processions qu'à s'occuper de leur
ménage. Vaniteuses et coquettes, elles font de la toilette la principale occupation de leur vie. Leur costume est très-élégant, et fait parfaitement ressortir la
beauté de leurs formes. Il se compose d'une fine chemise brodée qui ne descend que jusqu'aux hanches,
et dont la transparence ne laisse rien à désirer, et d'un
léger corsage de soie de couleur éclatante, qu'elles
maintiennent toujours entr'ouvert. Une jupe rayée de
couleur sombre (saya) entoure le reste du corps. Leurs
pieds sont nus, ou chaussés de pantoufles de cuir
rouge brodé d'or. Elles ont toutes de magnifiques
cheveux qu'elles retiennent par des peignes et de longues épingles d'or, ou qu'elles laissent librement flotter sur leurs épaules. Toutes ont la poitrine couverte

de scapulaires et de chapelets. Ceux des Tagales les plus élégantes sont d'or ou de corail. Des colliers et de lourds bracelets d'or ajoutent encore à l'éclat de ce costume à la fois riche et gracieux, et parfaitement en harmonie avec le teint parfaitement bronzé, avec les yeux noirs et brillants de la race tagale, la plus belle, sans contredit, de celles qui peuplent le grand archipel océanien.

Les hommes ont aussi grand soin de leur parure; ils sont vêtus d'un pantalon de coton blanc ou rayé, et d'une légère chemise couverte d'élégantes broderies. Ils sont coiffés du chapeau de paille ou de feutre, ou bien encore du salacot, espèce de chapeau conique surmonté d'une plaque et d'une tige plus ou moins ornée de fer ou d'argent.

Les Tagals n'ont peut-être qu'une seule vertu, c'est la sobriété. La base de leur nourriture est le riz. Il leur sert à préparer, avec du poisson sec et une sauce très-épicée, un plat que l'on retrouve aussi bien chez les Indiens les plus opulents que chez les plus pauvres; c'est la morisquetta nationale. Les jardins leur fournissent en abondance des fruits de bonne qualité, et ils ne boivent jamais que de l'eau filtrée avec le plus grand soin. Après tous leurs repas, ils ont l'habitude de mâcher du bétel qu'ils préparent de la manière suivante : ils prennent une noix d'areck qu'ils enveloppent d'une feuille de bétel couverte de chaux, et en font une espèce de boule qu'ils mâchent pendant des heures entières; quelques-uns y ajoutent du tabac. Il y a dans les faubourgs plusieurs marchés où les Tagals vont s'approvisionner; ils sont particulièrement fréquentés le soir. On les éclaire avec des torches d'un bois résineux très-odorant, et ils offrent alors l'aspect le plus curieux.

Les Tagals ont pour les combats de coqs la même passion que les Espagnols pour les combats de taureaux. On voit devant chaque habitation des coqs qu'ils élèvent avec la plus grande sollicitude, et qu'ils exercent chaque jour, pour les conduire au combat dans les pueblos, et jouer sur leur valeur des sommes considérables. Chaque faubourg possède une arène particulière pour ces joûtes, et les Tagals s'y rendent en foule. Les Européens que la curiosité y attire, et les autorités du quartier, se placent dans une loge qui leur est réservée. L'arène est garnie de sable fin, et protégée par des balustrades en bambou contre les envahissements de la foule. Les juges de combat et les combattants ont seuls le droit d'y pénétrer. Bien longtemps avant que le signal se soit fait entendre toutes les places sont occupées; les Indiennes se rendent toujours en grand nombre à ce cruel spectacle. Les jeunes gens et les vieillards, les riches et les pauvres y sont également confondus par une passion commune. Les champions sont assortis par des jurés, et les paris s'établissent. La cloche donne enfin le signal, et le plus grand silence succède à la bruyante animation du public. Tout le monde se presse pour ne rien perdre du spectacle, et tous les yeux sont tendus vers les combattants. Ceux-ci s'avancent enfin armés d'un éperon meurtrier, et commencent la lutte. Si le combat est brillant, les applaudissements enthousiastes de la foule saluent le vainqueur; l'un des champions, au contraire, prend-il honteusement la fuite, il est accompagné des huées de toute l'assemblée, et son maître lui fait souvent expier sous le couteau sa défaite et sa ruine.

L'Espagne a su tirer parti de cet amour effréné des Tagals pour ce genre de spectacle, et la ferme des arènes rapporte chaque année à la colonie près de trois cent mille francs.

Afin de mieux observer les mœurs tagales, j'avais loué, de concert avec un de mes amis, une petite maison située dans le faubourg de Tondo. Quelques-uns de nos anciens passagers nous avaient offert leurs services, et nous avaient mis en relation avec nos voisins. Un étudiant en théologie du collége de Saint-Jean de Latran nous servait d'interprète, et nous allions souvent fumer un cigare dans les cases qui entouraient notre demeure. Quelques conseils donnés aux malades des environs, le soin que nous prenions d'éclairer brillamment notre balcon pour le passage des processions, et plus encore les musiciens que nous faisions venir chaque soir, nous avaient rendus très-populaires, et nous étions toujours et partout les bienvenus.

Riches des productions du sol le plus fertile et qui ne demande aucune culture, les Tagals jouissent de tout en abondance, et passent leur vie dans l'oisiveté ou dans les fêtes. Ce sont des instruments très-dociles entre les mains du clergé dont l'ascendant est sans bornes sur leurs esprits. La religion se mêle à tous leurs plaisirs comme à tous les actes de leur vie. A chaque heure de la journée, pour ainsi dire, les cloches les appellent à quelque pratique religieuse. Les églises regorgent de monde, et les milliers de cierges qui brûlent chaque jour aux pieds des statues des saints et de la Vierge, témoignent hautement de la piété des fidèles. Le matin ils se montrent très-assidus aux offices, et à midi et le soir, lorsque la cloche de l'Angelus se fait entendre, les jeux cessent, les hommes se découvrent, et les femmes agenouillées devant leurs maisons, attendent en égrenant leurs chapelets que le dernier coup de cloche ait expiré.

Il en est de même lorsque le padre va porter à un mourant le dernier sacrement. Sa voiture, annoncée par le bruit des clochettes, et escortée par les soldats des postes voisins, passe à travers la foule prosternée au milieu du plus religieux silence.

Les Indiens exposent dans les églises revêtus de leurs plus beaux habits et couronnés de fleurs les petits enfants qui succombent. J'en ai vu jusqu'à cinq à la fois dans l'église de Binondo. Ils sont placés près de la porte principale, entourés de leurs parents et on les porte toujours découverts au cimetière sans qu'aucun prêtre les accompagne. Ces pieuses coutumes, cette intervention fréquente ou plutôt continuelle de la religion indiquent bien l'ascendant souverain que le clergé exerce encore sur les populations indolentes et superstitieuses des Philippines.

Les curés se partagent, avec les gobernadocillos, l'administration des pueblos ou villages. On ne retrouve pas chez les padres tagals la conduite en général irréprochable des moines et du haut clergé espagnols. C'est là, selon nous, le tort des voyageurs qui ont visité ces îles éloignées, que d'avoir attribué aux prêtres espagnols les vices qui n'appartiennent qu'au clergé indigène. Les curés des paroisses qui avoisinent Manille sont maintenus par la présence de l'archevêque, et ont presque tous une conduite assez régulière, mais il n'en est pas de même de ceux des pueblos plus éloignés qui profitent, sans scrupule, de leur influence sur l'esprit des populations pour assouvir leurs passions, et tous les voyageurs qui ont pénétré dans l'intérieur de Luçon, sont unanimes pour affirmer que l'on trouve chez eux, moyennant salaire, tout ce qui peut rendre leur hospitalité agréable. Nous avions pour voisin, à l'hôtel, un vieux Français établi depuis de longues années dans l'île des Negros. Obligé de venir à Manille, et d'y rester quelque temps, il avait jugé prudent d'amener avec lui sa fille, âgée de quinze ans, car il redoutait pour elle la société de son curé.

Il allait même beaucoup plus loin, et prétendait que dans son district les Tagales regardent comme un grand honneur la recherche du padre.

Les différents faubourgs de la ville sont administrés comme les pueblos de l'intérieur par des gobernadocillos nommés par le capitaine général de la colonie, sur la proposition des plus notables habitants du quartier. Ce chef de la municipalité porte pour insigne une grande canne à pomme d'argent, et a le privilége envié de transmettre à ses descendants la noblesse que lui donne son titre. Il a pour aide une sorte de conseil de famille élu par le suffrage des habitants, et spécialement chargé de la perception de l'impôt. Il

est à regretter que tous se servent de leurs fonctions
pour arriver à la fortune. Ils s'adonnent aux spéculations commerciales, accaparent toutes les affaires et
s'appliquent à ruiner, en abusant de leur pouvoir,
ceux de leurs administrés qui leur portent ombrage
et qui pourraient partager leurs profits. En somme, le
gouvernement actuel des pueblos est encore aujour-
d'hui ce qu'il était avant la conquête. L'Espagne ne
demande au Tagal que d'être catholique et soumis.
A ces conditions elle le laisse vivre libre et tranquille.
Elle semble redouter pour lui le contact des Européens, et suscite obstacle sur obstacle aux colons qui
voudraient cultiver les plaines fertiles de l'île. Aussi,
grâce aux habitudes de paresse du Tagal, grâce à sa
prodigieuse insouciance, le pays reste pauvre, sans
culture et sans industrie. De leur côté, les moines ne
font rien pour éclairer ce peuple qui les craint et les
vénère, et le laissent végéter dans la superstition et
l'ignorance. Pourvu qu'il se confesse et qu'il porte des
scapulaires, ils n'en demandent pas davantage.

S'ils n'aiment guère le travail, les Tagals ont, comme
nous l'avons déjà dit, un grand amour pour les plaisirs et les fêtes. Le clergé a encore su tirer parti
de ce goût général aux Philippines, et s'en est fait un
puissant moyen d'influence. De brillantes processions
ont lieu à l'occasion de la fête des saints des paroisses, et celles que l'on voit chaque année dans les faubourgs de Manille sont vraiment magnifiques. Les
frais considérables que ces fêtes occasionnent sont
payés par les habitants qui ne les regrettent pas si
leur procession est déclarée plus somptueuse que

celle des paroisses voisines. Nous avons pu assister à
deux de ces cérémonies à Saint-Sébastien et à Tondo,
et la magnificence inouïe que nous y avons vu dé-
ployer a dépassé de beaucoup toutes nos prévisions.
Les Européens de Manille, les Chinois, les métis et les
Tagals des villages environnants y étaient accourus
en foule. Les rues de Saint-Sébastien regorgeaient de
monde et de voitures. A huit heures du soir les cloches sonnaient à toute volée, et la procession sortait
de l'église tout étincelante de lumières, et enveloppée
des lueurs des feux de Bengale. Un détachement de
cavalerie tagale la précédait, et la musique du faubourg jouant de bruyantes fanfares ouvrait la marche. La statue du saint adossé à un arbre et percé de
flèches, ainsi que nous le représente la légende, était
portée sur un char recouvert de draperies que de nombreux Tagals mettaient en mouvement. Une multitude
de cierges faisaient ressortir les ornements de soie et
d'or dont il était revêtu. De forts détachements d'infanterie armés de cierges faisaient la haie ou suivaient le cortége. Le char était entouré d'enfants portant de riches bannières, et suivi d'une nouvelle
musique envoyée par un régiment. Venait ensuite le
gobernadillo avec son conseil. Tous avaient à la main
leur longue canne à pomme d'argent, et portaient des
cierges. La statue de la Vierge, entourée de jeunes Tagales choisies parmi les plus jolies, et revêtues de leurs
plus brillants costumes, fermait la marche, précé-
dée et suivie de nouveaux musiciens. Enfin, une
multitude d'enfants habillés en moines, en religieuses, en saint Jean-Baptiste, se glissaient partout où ils

pouvaient trouver un passage. Un seul prêtre tagal,
et ce n'est point là le trait le moins caractéristique de
cette cérémonie, présidait la fête. La marche de la
procession était annoncée par la bruyante détonation des pièces d'artifice, et par de nombreuses fusées
qui retombaient en gerbes étincelantes comme autant d'étoiles détachées du ciel. Toutes les maisons
étaient illuminées, et devant la demeure des riches,
les feux de Bengale aux mille couleurs éclairaient de
leurs reflets les statues des saints et de la vierge. D'é-
légants arcs de triomphe ornés de feuillage, et tout
resplendissants de lumière, s'élevaient de distance en
distance. Après une promenade qui ne dura pas moins
de trois heures, la procession rentra à l'église, et un
magnifique feu d'artifice annonça la fin de la cérémonie.

Les jours de fête, les maisons tagales sont ouvertes
à tous venants, et les Espagnols, qui en toute autre
circonstance professent pour les indigènes le plus profond mépris, viennent s'asseoir à la table des riches
Tagals et des métis. Le bétel et les cigares pour les Indiens, les mets recherchés et les vins d'Espagne pour
les Européens, sont gracieusement offerts par les
jeunes Tagales, et le champagne vient quelquefois
égayer ces charmantes réunions.

La casa es a la disposicion de V. n'est pas chez les
Tagals une formule banale. Il y a dans les prévenances dont ils entourent leurs hôtes d'un instant, quelque chose de si cordial et de si singulièrement affable,
que l'on ne songe pas même à résister, et qu'on se
laisse aller à tout le charme de leur hospitalité. Le bal

succède au festin, et les habaneras espagnoles et les joyeux boléros se prolongent fort avant dans la nuit. La danse des Tagals est tranquille, molle et voluptueuse, c'est un poëme d'amour, ce sont les peines, les tourments, les prières d'un amant qui déclare sa flamme : elle paraît empruntée au fandango espagnol. Celle des peuplades de l'intérieur a un caractère plus guerrier, elle est vive, bruyante, pleine de verve et d'enthousiasme. C'est principalement chez l'ordonnateur de la fête que le bal se déploie dans toute sa splendeur : l'honneur de présider la cérémonie est brigué par les plus riches habitants du quartier, et trop souvent l'heureux élu, victime de son orgueil, se ruine pour éclipser les prodigalités de ses prédécesseurs ou de ses voisins : les élogesqu'il a reçus le consolent alors de la misère qu'il a cherchée.

Les mariages, les naissances et les baptêmes sont aussi pour les Tagals le prétexte de fêtes joyeuses et bruyantes, dont la danse, la musique et les feux d'artifice restent les accompagnements obligés.

Après les combats de coqs et les processions, le théâtre est le divertissement préféré des Tagals. Ceux des faubourgs sont construits en bambous et les salles en sont bien disposées. Bien que les Tagals aiment beaucoup la musique, ils ont très-peu de chanteurs ; leur voix est grêle, perçante et sans étendue, et tous les efforts tentés jusqu'à ce jour pour monter un opéra à Manille sont restés infructueux. Tous les soirs les théâtres sont envahis par une foule empressée qui vient se passionner aux drames sanglants traduits de l'espagnol. Je n'ai pas été peu surpris, je l'avoue, d'en-

tendre jouer à Quiapo le *Médecin malgré lui* de notre
Molière. C'est certainement un fait bien digne d'intérêt que de voir le génie de ce grand poète comique
apprécié par des peuples plus que sauvages, à quatre
mille lieues de la France, et ses œuvres traduites en
idiome océanien. Les acteurs sont des Tagals ou des
métis. Les ballets ont surtout le privilége d'exciter les
applaudissements de la foule. Les Indiens ont aussi
emprunté aux Espagnols l'usage de donner des sérénades, et nous avons entendu bien souvent, dans le silence de la nuit, les sons de la guitare et de la harpe
accompagnant les chansons amoureuses d'un Tagal
attardé sous les fenêtres de son amante. Ces chants
plaisent surtout à une grande distance : ils ont alors
un charme inexprimable, comme s'ils n'atteignaient
leur but que saisis dans l'éloignement.

Les Tagals ont une grande passion pour les jeux de
hasard. Il y a à Manille un très-grand nombre de maisons où ces jeux sont organisés sous la surveillance
de la police. Les joueurs malheureux s'acquittent toujours avec une fidélité scrupuleuse, et nous avons vu
en Cochinchine des soldats tagals rester une année de
plus au service pour solder des dettes de jeu, et délé-
guer toute leur solde à leurs créanciers.

Telles sont à peu près les mœurs des Tagals. Nous
les avons vus paresseux, joueurs, orgueilleux et avides
de fêtes. S'il nous fallait parler des Indiennes, nous
dirions qu'elles sont à la fois pieuses et dissipées,
légères et passionnées. Dieu et l'amour se disputent
alternativement leur cœur. Elles aiment à se parer et
à danser toutes les nuits, quoiqu'elles soient supersti-

tieuses et contemplatives; car si elles sont élevées dans le christianisme, elles croient cependant aux sorcelleries dont les moines n'ont pas encore effacé la trace.

Ce que nous avons dit de cette population indigène des Philippines témoigne, selon nous, des influences énervantes du climat. Nous avons été frappé du contraste de leur faiblesse radicale, de leur indolence et de leurs passions. Leur affaissement est encore favorisé par la nature de leur régime alimentaire, composé, comme nous l'avons dit, de matières végétales, et peu réparateur, malgré les piments et les assaisonnements par lesquels ils s'efforcent de réveiller l'inertie de leurs organes digestifs; par les excès qu'ils commettent sous la stimulation du climat, et par les désordres auxquels les entraînent leur luxure naturelle, l'oisiveté et la dépravation de leurs mœurs.

Les Chinois établis à Manille sont peu nombreux. Pendant de longues années, les Espagnols, se souvenant de la révolte qui avait failli causer la perte de la colonie, leur ont refusé le droit d'entrer à Luçon. Ils y sont revenus peu à peu et sont parvenus à se faire tolérer. Cependant, toujours défiants, les Espagnols ont fixé à huit mille le nombre qu'ils ne doivent pas dépasser. Ils exigeaient d'abord que les émigrants se convertissent au catholicisme, et ils ne pouvaient séjourner dans la ville qu'après avoir reçu le baptême. Les Chinois se résignaient et se faisaient volontiers chrétiens, quitte à abandonner leur nouvelle croyance et leurs épouses indiennes quand ils retourneraient dans leur pays. Aujourd'hui le gouvernement a compris l'inutilité de cette mesure, et les Chinois sont parfaitement libres de rester fidèles au culte de leurs ancêtres. Ils sont administrés comme les Tagals, mais les lois sont beaucoup plus sévères pour eux que pour les indigènes : c'est ainsi que leur capitan est responsable de l'impôt que doivent tous les Chinois, et l'on peut dire que grâce à cette mesure, c'est le seul qui rentre intact dans le trésor de la colonie.

Venus aux Philippines pour s'y enrichir, les Chinois y ont apporté toutes leurs coutumes et leurs habitudes d'ordre et de travail. Plus actifs et plus économes que les Tagals, ils n'ont pas tardé à abandonner l'agriculture pour le commerce et à supplanter les indigènes ; plus tard les Espagnols ont trouvé chez eux des artisans et des ouvriers dont ils ont utilisé les services, et ont peu à peu laissé prendre aux émigrants du Céleste Empire droit de cité dans la colonie. Les Chinois que le mouvement des émigrations a conduits aux Philippines doivent nécessairement finir par s'y mêler aux populations indigènes. Ils y ont en effet apporté avec eux tous les arts et toutes les industries de leur pays, et la facilité qu'ils trouvent à les exploiter sont, à notre avis, autant de liens qui doivent les retenir dans la colonie. Les antipathies qu'ils ont rencontrées jusqu'à ce jour, les mille obstacles contre lesquels il leur faut encore lutter seront tôt ou tard levés par une administration plus éclairée et entendant mieux ses intérêts. Il est facile de suivre les progrès que cette race envahissante a déjà accomplis : les premiers arrivés aux Philippines ont nécessairement dû vivre dans l'isolement et n'ont pas fait partie, pour ainsi dire, de la société au milieu de laquelle ils se trouvaient jetés. Le clergé, alors tout-puissant dans la colonie, s'est montré aussi sévère pour eux qu'il l'avait été en Espagne pour les juifs. Les persécutions contre les Chinois n'ont eu d'autre résultat que de produire des soulèvements terribles et des révoltes audacieuses qui ont mis plus d'une fois la colonie à deux doigts de sa perte. Aujourd'hui, nous le répétons, la sévérité des Espagnols s'est relâchée, et si le mélange des races, resté longtemps impossible, n'a encore lieu que dans des proportions restreintes, il est constant que les alliances entre les Chinois et les Tagals deviennent chaque jour plus nombreuses. Les métis qui résultent de ces mariages sont faciles à reconnaître. On les rencontre aujourd'hui aussi bien au milieu de l'île que sur la côte. Ils sont surtout remarquables par la supériorité de leur intelligence et leurs instincts mercantiles; quelques-uns ont réalisé de brillantes fortunes et se sont placés à la tête du commerce de la colonie.

Les montagnards de l'intérieur de l'île s'aventurent rarement à Manille. Ils sont plus petits que les Tagals, ont les cheveux crépus, les lèvres grosses et se rapprochent davantage du type malais. Ils marchent toujours armés, et leur courage est incontestable. Leurs habitudes sont vagabondes et ils sont très-portés au pillage. Très-agiles et très-adroits, ils sont la terreur des troupes tagales sans cesse à leur poursuite. Ils viennent souvent brûler les pueblos soumis aux Espagnols, détruisent les moissons, enlèvent les femmes et se retirent avec leur butin dans les forêts inaccessibles de leurs montagnes. Tous les efforts des moines

pour les convertir sont restés inutiles, et ils vivent
encore dans l'idolâtrie.

Il est du reste assez difficile de voyager dans l'intérieur de Luçon. Il faut d'abord se munir à Manille
d'un passe-port que les autorités, toujours soupçon-
neuses, semblent n'accorder qu'à regret et qu'elles font
longtemps attendre. Les grandes routes ne rayonnent
qu'à quelques lieues de la ville. Plus loin il n'y a que
des sentiers où l'on s'aventure avec défiance et où l'on
doit toujours être prêt à repousser à main armée les
attaques des montagnards et des voleurs qui rôdent
dans les bois environnants. Il y a dans tous les pueblos
une mauvaise auberge où l'on trouve pour un prix
fixé par l'alcade la nourriture et le gîte. Il vaut bien
mieux se procurer à Manille quelques lettres de re-
commandation, et aller frapper à la porte des couvents
et des fermes qui appartiennent au clergé. On peut
encore, dans les villages plus éloignés, avoir recours à
l'hospitalité du padre. On est assuré de trouver chez
lui un bon souper et un bon lit et d'être toujours le
bien venu dans le pueblo.

La campagne est magnifique et les villages des environs de Manille, avec leurs jardins et leurs bois,
offrent le plus riant aspect. Ceux de Mariquita et de
San-Miguel, situés sur les bords ombreux du Pasig,
sont pour les étrangers le but d'excursions agréables.

Les plaines fertiles qui les entourent sont assez bien
cultivées, et les champs de riz et de canne à sucre s'é-
tendent à perte de vue jusqu'aux montagnes dont les
pentes abruptes sont couvertes d'impénétrables forêts.
Pendant la chaleur du jour ces champs semblent

abandonnés. De nombreux troupeaux de buffles, qui
y errent à l'aventure ou que conduit en chantant quelque enfant tagal, peuplent seuls leur solitude. Il est
bien rare d'y rencontrer des laboureurs; on est sûr de
les trouver en train de faire la sieste en fumant leur
cigarette à l'ombre d'un bananier, attendant ainsi
patiemment que le soir leur permette de reprendre
leurs travaux interrompus par le soleil. J'aimais alors
à errer dans les bois touffus qui bordent le fleuve;
j'aimais surtout, obéissant à cet instinct du marin qui
le ramène toujours sur les bords de la mer, à parcourir le rivage silencieux de la Calzada baigné par les
flots que la brise faisait soupirer en les brisant sur le
sable, et à suivre la voile de quelque falua attardée se
rendant à Cavite et s'effaçant peu à peu comme un
point dans l'espace. J'allais souvent visiter le curé de
San-José, joli village élevé sur le bord de la mer, et je
ne manquais jamais de revenir à Manille en suivant le
rivage. J'apercevais au loin la sombre carène des grands
navires mouillés sur la rade, et le silence de la campagne endormie que je parcourais n'était troublé que
par le son lointain des cloches de la ville et les chants
joyeux de quelque couple tagal regagnant son pueblo.
On ne saurait s'imaginer le charme de ces nuits des
Philippines, et je ne songe jamais sans regrets au
magnifique spectacle de ce ciel sans nuage, tout par-
semé d'étoiles et embaumé des parfums pénétrants
des arbres éclairés par des milliers de lucioles.

Maintenant que nous avons esquissé le caractère et
les coutumes des races variées qui habitent Manille,
il nous reste à parler d'une grande solennité publique

dont nous avons été témoin, et à laquelle nous les verrons apporter le tribut de la diversité de leurs mœurs.
Nous voulons parler de l'entrée à Manille du nouveau
capitaine général de la colonie. Il y avait déjà longtemps qu'il était attendu et que tous les préparatifs
faits pour le recevoir étaient terminés, lorsque la frégate qui était allée le chercher à Singapore fut signa-
lée au Corregidor et entra dans la rade. Suivant
l'usage, il débarqua incognito et fut conduit à la villa
de San-Miguel qu'il devait habiter jusqu'à ce qu'on
lui eût remis les clefs de la ville. Tous les soirs, ses
magnifiques jardins étaient ouverts à la foule, et les
musiques des régiments tagals, celles des pueblos et
des Chinois donnaient des sérénades. Pendant ce
temps, des arcs de triomphe, ornés de feuillages et de
drapeaux, et couverts d'inscriptions en l'honneur de la
reine et de souhaits de bienvenue au gouverneur, s'é-
levaient à San-Miguel, à la Escolta et à l'entrée de la
ville de guerre. Les ponts jetés sur le Pasig recevaient
également des ornements de feuillage. On y avait
placé des écussons surmontés du pavillon espagnol
qui rappelaient et signalaient à l'admiration publique
les endroits fameux par les exploits de l'armée catholique pendant la guerre du Maroc, où le nouveau gouverneur avait cueilli de nombreux lauriers. Mille
banderolles flottaient à toutes les maisons du quartier qu'il devait parcourir, et le sol était jonché de
feuillage. Le jour de la cérémonie arriva. Dès le matin, une foule bariolée et bruyante de Tagals, de Chinois et d'Européens, accourus de tous les points de
l'île, envahit les jardins de San-Miguel et s'échelonna

sur la route de la ville. Des détachements de cavalerie épuisaient leurs efforts à la maintenir, et les équipages des principaux dignitaires de la colonie avaient grande peine à se frayer un passage. Des députations des notables de tous les villages environnants, musique en tête et drapeaux déployés, les principaux Chinois de la ville, vêtus de blanc et précédés de leurs gongs et de leurs tam-tams, attendaient l'heure du départ. Enfin, le cortége se mit en marche. Un grand nombre de Tagals portant des armures des guerriers du moyen âge, et armés de haches d'armes et de lances, le précédaient. Leurs clameurs, le bruit de leurs instruments, la détonation des pétards et le sifflement strident des fusées annonçaient de loin leur passage. Ils étaient suivis des députations des pueblos et des Chinois. Une escorte de lanciers tagals entourait la calèche du capitaine général, accompagné de la foule des autorités du pays. La garnison tout entière était sous les armes devant les remparts de Manille. Le gouverneur civil de la colonie, entouré des alcades de toutes les provinces accourus dans la capitale, attendait le capitaine général pour lui remettre au nom de la reine les clefs de la ville. Les cloches de toutes les églises sonnèrent alors à toute volée, et le bruit du canon des forts et des bâtiments de guerre de la rade annonça à la foule que le nouveau gouverneur entrait à Manille. Nous avons déjà dit, plus haut, que la religion est l'âme de toutes les cérémonies publiques aux Philippines. Le clergé ne pouvait laisser échapper cette occasion de montrer aux Tagals, venus de tous les points de l'île, la splendeur et l'éclat de ses cérémonies; le capitaine général se rendit d'abord à la Cathédrale, où l'attendait l'archevêque à la tête de son clergé. Les fanfares guerrières des régiments qui l'accompagnaient cessèrent alors, et l'orgue fit retentir les voûtes sacrées de ses chants les plus solennels. Une multitude de Dominicains, de Jésuites, d'Augustins et de prêtres indigènes entourait l'église dont les autels étincelaient d'or et de lumières. Après le *Te Deum* et la revue qui le suivit, le gouverneur prit enfin possession de son palais.

Le soir, les réjouissances publiques recommencèrent. La ville tout entière était illuminée, et des sérénades avaient lieu sur chacune des places de la cité et des faubourgs. Le portrait de la reine, entouré de lumières et gardé par des gardes du corps revêtues de leur brillant uniforme et aussi immobiles que des statues, était exposé sur le balcon du palais aux respects de la multitude. C'était un spectacle bien curieux que cette fête et cette joie bruyante; la lueur des mille lumières qui éclairaient la ville donnait un nouvel éclat au costume pittoresque et diapré des Tagals. La flamme de tous ces feux éclairant leur visage, faisait ressortir l'éclat de leurs yeux noirs, l'agilité de leurs mouvements et la beauté de leurs longs cheveux flottant jusqu'à la ceinture. Des masques joyeux parcouraient la ville en tous sens, les théâtres regorgeaient de jeunes et jolies Tagales, et de bruyants feux d'artifices étaient tirés aux applaudissements d'une foule enthousiaste.

Après la fête populaire, vinrent les cérémonies officielles. Un très-beau bal, offert le lendemain par la

municipalité, avait été donné à l'hôtel-de-ville et réu-
nissait l'élite de la société européenne. La plupart des
danseuses portaient des toilettes que des Parisiennes
n'auraient pas désavouées, et les riches uniformes des
officiers espagnols, tout chamarrés d'or et étincelants
de croix, donnaient un nouvel éclat à la fête. La décoration de la salle était aussi riche qu'élégante. La
lumière rayonnait de toutes parts sur des colonnades
de pierriers, des pyramides de pistolets et des guir-
landes de sabres, entremêlées de draperies, de feuillage et de fleurs. Malgré tout, un bal officiel sous le
brûlant climat de Manille n'est pas un bien grand
plaisir, et après avoir payé un juste tribut d'éloges à
l'élégance et au bon ton qui présidaient à la fête,
nous retournâmes parmi les Tagals de Binondo.

Nous n'avons plus maintenant qu'à dire quelques
mots de l'administration générale et du commerce de
la colonie. Depuis trois cents ans environ que Magellan a découvert les Philippines et y a arboré le pavillon
espagnol, la conquête a fait bien peu de progrès, et, à
l'exception de Luçon et d'une partie de l'île de Mindanao, tout le reste de l'archipel a échappé à la domination de l'Espagne.

Les Philippines et les îles Mariannes sont placées
sous l'autorité d'un capitaine général qui réunit entre
ses mains les pouvoirs civil et militaire. Il reçoit un
traitement qui équivaut à 100,000 francs, mais il est
obligé d'en laisser une partie au trésor comme garantie contre le péculat. Un règlement trop souvent éludé
dans le même but, oblige le capitaine général qui
vient de quitter son poste à séjourner pendant six mois

dans la colonie comme simple particulier. L'administration civile est représentée par un conseil qui se compose des fonctionnaires les plus élevés de la colonie. L'île de Luçon est divisée en quinze provinces dont chacune est placée sous l'autorité d'un alcade. Nous avons vu comment les villages sont administrés par des gobernadocillos, qui reçoivent directement les ordres de l'alcade.

Le capitaine général a le commandement supérieur de toutes les troupes et de la flotte. Il délègue ses pouvoirs à un général et à un officier supérieur de la marine. L'armée est formée en grande partie de soldats indigènes qui sont désignés par le sort. Les gardes du gouverneur, l'artillerie et le génie sont les seuls corps entièrement composés d'Espagnols. Presque tous les officiers des régiments tagals sont Européens, mais il y a aussi quelques officiers indigènes qui ne peuvent dépasser le grade de capitaine. Il y a actuellement aux Philippines dix régiments d'infanterie et un régiment de cavalerie indigène, et ce nombre est insuffisant. Ils sont répartis sur tous les points de l'île et à Mindanao. Les brigands des montagnes ont souvent avec l'infanterie des rencontres meurtrières, et en général, on peut dire que les soldats indiens ont plus de goût pour suivre les processions un cierge à la main, que pour tenir la campagne contre les redoutables negros. Il faut cependant leur rendre cette justice, que mêlés à des troupes européennes, ils se battent avec courage, et qu'ils ont été pour nous, en Cochinchine, des auxiliaires très-utiles.

Les forces navales se composent d'une corvette et

de deux avisos à vapeur que les Espagnols décorent pompeusement du nom de frégates, et qu'ils emploient alternativement au service des courriers entre Singapore, Hong-Kong et Manille. La flottille qui protége les côtes est nombreuse et formée de faluas, sortes de péniches armées en guerre, et de canonnières à vapeur. Elles sont disséminées sur les différents points du littoral, où sont établies de petites stations, et n'opposent qu'une bien faible barrière aux infatigables pirates de Mindanao et des îles Malaises, que les Espagnols confondent sous la dénomination de Mores, et qui viennent enlever les bâtiments jusque sur la rade de Manille. Ces pirates sont la terreur des populations riveraines et des petits navires qui fréquentent ces parages. Il ne se passe pour ainsi dire pas de jour sans que l'on apprenne à Manille la nouvelle de leurs audacieuses tentatives, presque toujours couronnées de succès. On envoie souvent contre eux des expéditions qui ont cette mauvaise chance de ne jamais les rencontrer et de trouver dévastés les villages ou les comptoirs qu'elles avaient mission de défendre.

Les Philippines rapportent environ à l'Espagne une quinzaine de millions par année; ce revenu pourrait facilement être doublé. Chaque famille tagale paye une capitation et contribue aux frais généraux du culte. Cet impôt est très-difficile à percevoir, d'abord parce que les Tagals s'efforcent de s'y soustraire par tous les moyens possibles, puis parce que les magistrats chargés de la recueillir s'en approprient, sans beaucoup de scrupule, la plus grande partie. Celui des Chinois est le seul qui rentre entièrement dans les caisses de l'État, et nous avons déjà dit pourquoi.

Le principal impôt indirect est celui du tabac. La consommation de cette plante est, en effet, énorme aux Philippines, et l'on peut dire que tous les Tagals, sans distinction d'âge ni de sexe, sont adonnés à son usage. Les cigares de Manille sont très-répandus dans la Chine, dans l'Inde et même en Europe, et les manufactures où on les fabrique sont de magnifiques établissements. Nous avons visité celle de Tondo, qui occupe chaque jour près de six mille ouvrières, et on nous saura peut-être gré de dire quelques mots des procédés de fabrication. Les ouvrières sont réunies dans de vastes salles qui peuvent en contenir environ deux cents. Elles se tiennent accroupies sur le plancher, autour de grandes tables de travail. De toutes jeunes filles dépouillent les feuilles de tabac de leurs plus grosses nervures, les coupent en parties égales et les portent, dans de grandes corbeilles, aux ateliers de manipulation. On commence par trier les plus belles feuilles qui doivent servir d'enveloppe au cigare, et on les aplatit. Les ouvrières se servent, à cet effet, de petits cailloux lisses avec lesquels elles les battent sur la table. Ces feuilles ainsi préparées sont humectées, et passent entre les mains de nouvelles ouvrières qui les garnissent de feuilles plus petites. Une autre les roule, comme on fait d'une cigarette, une nouvelle les colle et les fait passer à la coupeuse qui, armée de fort ciseaux, leur donne une longueur uniforme.

De petites filles portent les cigares ainsi fabriqués

dans la salle de pesage; d'autres les réunissent par paquets de dix, les mettent en boîtes et les emmagasinent dans de vastes salles bien aérées. Ces ouvrières sont assez bien payées, et n'ont pas cet air misérable, fruit de la débauche et du travail exagéré, que l'on est si frappé de rencontrer dans les grands ateliers de l'Europe.

Les manufactures de Cavite sont encore plus importantes, et l'on y fabrique presque tous les cigares destinés à l'exportation. On croit assez généralement que les cigares de Manille contiennent de l'opium; nous avons pu nous convaincre, à plusieurs reprises, qu'il n'en est rien.

Le gouvernement a aussi le monopole d'une liqueur fermentée qui se tire du cocotier, dont les Indiens font grand usage. Enfin, le droit de tenir des arènes pour les combats de coqs est encore la source d'un impôt productif.

Le commerce des Philippines est peu considérable, relativement à l'importance de la colonie. Les grandes transactions commerciales se font par des négociants anglais et américains, qui ont des relations étendues avec la Chine, l'Inde, Batavia et l'archipel des Moluques. Les principales productions du pays sont e riz, le blé, le maïs, l'indigo, le coton, le sucre et le café. La colonie ne manque donc pas d'éléments de richesse et de prospérité, mais l'agriculture y est peu avancée, et les procédés de culture ne font aucun progrès. L'élève des bestiaux pourrait devenir pour Manille la source d'une industrie prospère. Les chevaux en sont très-estimés, et supportent bien la fatigue ; les buffles, que l'on rencontre en troupes nombreuses, sont très-utiles pour les transports et les travaux des champs, et constituent la principale richesse des cultivateurs tagals. Les montagnes qui sillonnent l'île de Luçon renferment des mines d'or qui sont encore inexploitées, et les côtes sont fertiles en corail et en huîtres perlières. La plupart de ces productions que nous venons d'énumérer sont utilisées dans la colonie ; le tabac et le sucre sont les seuls articles d'exportation. Disons, pour terminer, que l'industrie n'est représentée que par un seul établissement : c'est une raffinerie de sucre qui est placée sous l'intelligente direction d'un Français.

Telles sont les impressions que nous avons rapportées de notre voyage à Manille. Nous avons quitté les Philippines, convaincu que l'Espagne ne tire pas de sa colonie tous les avantages qu'elle est en droit d'en attendre. Nous avons essayé d'en pénétrer la cause, et nous croyons l'avoir trouvée dans l'influence exagérée du pouvoir religieux et dans les vices d'une administration soupçonneuse et inquiète qui, au lieu d'accueillir les colons, semble, au contraire, redouter leur présence, et préfère laisser incultes et livrées aux excursions des peuplades des montagnes les plaines fertiles qu'il lui serait si facile et si profitable d'abandonner au génie civilisateur du commerce et de l'industrie.

FIN

TABLE DES MATIÈRES

PARIS. — IMP. V. GOUPY, RUE GARANCIÈRE, 5.